9冠無敗

能代工バスケットボール部
熱狂と憂鬱と

田口元義

集英社

本書は「集英社オンライン」の特集連載『能代工9冠』無敗の憂鬱」（2022年12月配信）をベースに、追加取材、加筆修正、再構成したものです。文中の敬称は略します。また登場人物の肩書や学年などは文中の年次のものです。

序章
9冠の狂騒（1998年）

ＪＲ千駄ケ谷駅の改札を抜けると、眼前には東京体育館が悠然と佇んでいる。いつもなら横断歩道で信号待ちをしたところで5分とかからず到着できるはずが、日を追うごとに入口までの歩幅が狭くなってくる。それどころか、立ち止まってしまうほどの歩調にまでなってしまう。

１９９８年、年末。

「ウインターカップ」と呼ばれる全国高等学校選抜優勝大会（現：全国高等学校バスケットボール選手権大会）を観戦に訪れた者たちの興味は、ほぼ一点に注がれていた。

秋田県立能代工業高等学校。

全国大会で49回もの優勝を誇る高校バスケットボール界の盟主は、前人未到の偉業を果たそうとしていた。

能代工は96年から97年まで、インターハイ（全国高等学校総合体育大会）、国体（国民体育大会）、ウインターカップの３大大会を全て制しており、98年もすでに2冠を獲得していた。つまり、集大成となるこの大会で優勝すれば、「3年連続3冠」の達成となる。

常勝チームを牽引するのは、キャプテンでエースの田臥《たぶせ》勇太、スリーポイントシューターの菊地勇樹、守備の要の若月徹である。1年時から主力としてコートに立つこの３人のなかでもとりわけ脚光を浴びていたのが田臥だった。

身長１７３センチ。バスケットボールにおいては小柄に分類される田臥のプレーには、一度目にしたら夢中になってしまうほどの引力があった。

ボールが手のひらに吸い付いているような錯覚に陥るほどのハンドリング。トップスピードで相手を置き去りにする閃光の如き速さのドリブル。相手をあざ笑うかのようなノールックパスに大柄な選手をも翻弄する繊細なタッチのシュート……その全てがしなやかに、流れるように展開され、何より華麗であった。そんなプレーに人々は嘆息を漏らし、虜になる。敵味方関係なく観たくなる選手。それが、田臥だった。

東京体育館に足を運ぶ者たちの大半が、能代工と田臥が目当てと言っていいほどだった。対戦相手ではない出場チームを応援しに来た者ですら、「この日に田臥が出るから」と予定を繰り上げ、あるいはそのまま会場に残ってスター選手に想いを馳せるのである。

勝ち上がる度に人が集まり、ボルテージが高まる。序盤は他のチームと同じように東京体育館の正面入口を利用していたが、それも困難になった。大会運営に携わる東京都の高等学校体育連盟ですら、能代工を「特別扱い」せざるを得ないほどだったという。

能代工でバスケットボール部の部長を務め、選手たちの引率を担当していた安保《あんぼ》敏明は「後にも先にもあの年だけでした」と、声を上ずらせる。

「高体連の先生方が『正面から入ると大変でしょうから』と、チームのマイクロバスを裏口に回してくれるようになって。それだけ、お客さんの入りがすごかったんです」

それは、熱狂を飛び越えた狂騒だった。

準々決勝が行われた12月26日は６４００人もの有料入場者が詰めかけ、翌27日の準決勝はその数をさらに上回った。通常ならば体育館のみで販売されるチケットは、ここだけでは捌ききれないと千駄ケ谷駅の窓口でも分散して売られたほどだった。詰めかけた観衆は９９３６人。大会、チーム関係者なども含めれば１万人を超えていたとも言われている。観客席は最上部の3階席まで満席となるのは当然として、立ち見客でも溢れかえり、立錐の余地すらないほどだった。

狂騒は会場入りや試合だけではなかった。むしろ、試合後に裏口から体育館を出る時にこそ、田臥たちは「出待ち」するファンたちのターゲットとされた。

下級生たちが能代工のスター選手を囲むようにガードする。先導役を任される後輩選手が、あえて横幅を確保するため両腕にクーラーボックスを抱えて「すみません！　通ります！」と声を張り上げながら田臥たちを誘導する。時に強引に振り切ろうとするため割って入ろうとするファンからは、「なに、こいつぅ!?」と罵声を浴びせられたりもした。

意外だったのは、能代工が生み出した熱狂の渦の中心にいた田臥がストレスを感じていなかったことである。これほどまでに好奇の目にさらされながらも「楽しんでいた」というのだ。

「むしろありがたかったです。緊張感だったり、プレッシャーはもちろんありましたけど、それは能代工業にいれば当たり前のことだと思っていましたし。それより、『満員です』みたいに場内アナウンスが流れたり、そのなかで試合をするのがすごく楽しみでした」

決勝戦前夜。

静まり返っているはずの東京体育館の熱は冷めていなかった。誰もいないはずの正面入口には、誰よりもいい場所で試合を見届けたいとばかりに息巻くファンが、当日まで待ち切れず徹夜で並ぶ。28日。大一番に集結した観衆は８３４４人。前日の準決勝よりも少なくなったのには理由があった。イベント会場では災害時などの際に避難経路を設けることが義務付けられている。そのスペースすら確保できないくらいに人で埋め尽くされる可能性があったことなどから、「消防法違反の恐れがあるため入場人数が制限された」という。

能代工がアリーナのメインコートに立つ。

相手は千葉県代表の船橋市立船橋高等学校。98年最初のタイトルを懸けた高知インターハイ準決勝で１１６‐99と退けているとはいえ、ウインターカップで初めて決勝まで名乗りを上げ勢いがある。身長１９６センチの2年生センター、鵜澤《うざわ》潤のフィジカルを生かしたゴール下でのポストプレーは脅威で、能代工としては彼に調子づかれると厄介でもあった。

試合は、その鵜澤のシュートで本格的なスタートを告げた。

自分より４センチも身長が高いビッグマンとマッチアップする若月は、意識的に警戒心を強めるのではなくシンプルな対応を心掛けていた。

「ゴール下まで行かれるとこっちが不利なんで、ねちねちと腕で相手を押しながらポジションを確保して、リバウンドを捕られないことを意識していましたかね。捕られたら捕られたで、自分たちの攻撃に備えて、すぐにオフェンスするために走る。そこを徹底していました」

相手の前に体を入れるスクリーンアウトをこの試合の鉄則としていた若月は、鵜澤から先取点を奪われた直後にオフェンスリバウンドを制して同点ゴールを決め、さらにもう1ゴールを追加する。そして、相手のミスから攻守の切り替えを意味するターンオーバーを成功させ、田臥が速攻でゴールを決めるなど能代工がペースを作った。ここから市立船橋に3連続ゴールを許し、前半7分を迎えたあたりで11-14と逆転されるなど序盤はシーソーゲームが続くが、1本のプレーで流れが大きく変わる。

菊地が2本のフリースローを決め、25-22とした直後の前半12分あたりだった。オールコートでのプレスディフェンスで相手の攻撃を止めてから、ディフェンスに回っていた2年生センターの村山範行《のりゆき》が前線まで駆け上がる過程で相手のパスをカットし、田臥を経由して再びボールを受けるとレイアップシュートを決めて5点差に広げた。

オールコートのプレスと走るバスケットボール。そこから展開される電光石火の速攻。それは、能代工を常勝軍団たらしめる強力な鉾でもあった。完全に主導権を握ったチームは、前半だけでターンオーバーを13、エースの田臥も20得点を挙げ53-34と市立船橋を突き放した。

後半も開始早々からスピーディなバスケットボールを繰り広げる。

田臥から若月へ。菊地から若月へ。流れるようなパスワークなどで4連続得点を挙げると、田臥がフェイントで相手のブロックをかわしてシュートを決めるダブルクラッチで観衆を沸かせ、とっておきの飛び道具が身上である菊地もアウトサイドからだけではなく、相手から厳しいマークをされるや積極的にドリブルで切り込むなどインサイドからのゴールでもチームを盛り立てた。

そして、偉業へのカウントダウンを迎える。

残り11秒。敵陣のペイントエリア内でボールの奪い合いを制した渡部直人からボールを受けた田臥が、クイックモーションで素早くジャンプし柔らかいタッチでボールを放つと、鮮やかな曲線を描いてリングに吸い込まれた。

最後となる98点目。田臥がゲームを締めくくった。

5、4、3、2、1……観客席からの大合唱がゼロになったと同時にブザーが鳴る。眩いばかりのカメラのフラッシュ。耳をつんざく大歓声。体育館の照明がまるでスポットライトのように、能代工にとって50回目となる日本一、そして、3年連続3冠を祝福するように照らしていた。

最後のシュートを決めたことについて「そうでしたっけ？　言われて思い出しました」とおどけていた田臥も、優勝の瞬間だけは25年が経過した今も脳裏に焼き付いている。

「東京体育館の景色は鮮明に覚えていますし、会場の熱気もそうですよね。あれだけの雰囲気のなかで試合をさせてもらえて勝てた。それを高校生で経験させてもらえたのは財産です」

田臥たちのいた能代工が成し遂げた「9冠」は、高校スポーツ界における金字塔でもあった。

男子バスケットボールでは能代工のほかに3冠を獲得したことのあるチームは4校あるが、複数回は達成できていない。女子では愛知県の名門、桜花学園高等学校がインターハイ25回、国体22回、ウインターカップ24回と、日本一の回数では能代工を上回っているとはいえ3年連続の9冠はなく、2年連続の6冠が最多である。

「3冠」のタイトルが掲げられているメジャースポーツに目を向けてもそうだ。

バレーボールでは、今の日本代表を支える石川祐希を擁した星城高等学校（愛知県）が、２０１３年からインターハイ、国体、「春高バレー」と呼ばれる全日本バレーボール高等学校選手権大会を2年連続で全て制した唯一のチームとなっている。

サッカーではインターハイと全国高校サッカー選手権大会、そして、もうひとつのタイトルが国体から高円宮杯 ＪＦＡ Ｕ-18サッカープレミアリーグと認識が改められた今でも、3冠は22年の青森山田高等学校を含め4校のみで複数回を達成したチームは出現していない。

高校スポーツ界で影響力の強い野球も同じだ。阪神甲子園球場で開催される春の選抜高等学校野球大会と夏の全国高等学校野球選手権大会で優勝する「春夏連覇」を達成したのは7校のみで、複数回は大阪桐蔭高等学校の2回が最多。新チーム最初のビッグタイトルとなる11月開催の明治神宮野球大会が、１９９６年に各地区の優勝校のみで争われるようになってから春夏の甲子園を含め「3冠」と称されるようになったが、97年から98年にかけてエースの松坂大輔を中心とした横浜高等学校が成し遂げただけである。

つまり、能代工の9冠を超えるだけのチームは、高校では存在しないということになる。

50回も頂点を極めた能代工においても、初めて到達できた最高峰。この頂《いただき》までチームを導いた監督の加藤三彦《みつひこ》の彼らへの賞賛が、9冠の重みを打ち出しているようだった。

「3年連続3冠のチャンスを与えられた田臥たちが背負っていたプレッシャーというのは、経験した人間でないとわからないほど計り知れないものだと思います。そんななかでも結果を成し得られたというのは、彼らが1年生から気概を持ってバスケットに打ち込んだからこそなんです。あえて言わせてもらいますよ。こんなすごいチームはもう現れないです」

スポーツの歴史書には、プロ、アマチュア問わずあらゆる快挙や出来事が刻まれる。

その1ページに色濃く綴られた、能代工の9冠。

96年から98年までの3年間、秋田県の北部にあるさほど大きくはない街の高校生たちが巻き起こしたのは、確かな「現象」だった。

SHIRO

1998年12月28日、ウインターカップ決勝。田臥主将らを中心に3年連続3冠の「9冠」を達成。

目次

第1章 始まりの3冠（1996年）

1996年12月29日、ウインターカップ決勝。1年生の田臥（No.13）は、渡邉（No.6）のいる福島工に勝利し優勝。

CMに出ていた中学3年生の衝撃

1年生の畑山《はたやま》陽一は、目の前で起きている出来事を受け入れることができていなかった。

能代工の体育館では「突破練習」と呼ばれるオフェンス専門のメニューが展開されていた。ふたりのディフェンスを抜き去りシュートするまでが一連の流れではあるのだが、これがまた厄介なのである。なにせ、障壁役を担うのは〝ピラニア軍団〟と呼ばれるほどの守備のスペシャリストで、その比喩の如く、一度ターゲットを定めたらボールを奪うまで食らいつくしつこさがあった。バスケットボールにおいて、多くの得点を求められるシューティングガードとして1年生から公式戦に出場していた畑山は、10回のうち2、3回成功できれば上出来だと思っていたし、「司令塔」と呼ばれるポイントガードのレギュラーだった3年生の半田圭史《けいし》ですら成功率は6割程度だった。

それが、自分の目の前で突破練習に挑んでいる身長170センチそこそこの小柄な選手は、いとも簡単にピラニア軍団の執拗なディフェンスをかわしてシュートを決めている。

「めちゃくちゃしつこいディフェンスをする先輩たちを相手にするんで、高校生でもまず抜けるわけがないんです。自分だってスタートの段階でボールを受け取る時に、ふたりの動きがちょっとズレた瞬間を狙って素早く突破するしか方法がないくらいなのに、涼しい顔していとも簡単にスルスル～っとディフェンスをかわして、シュートみたいな。だから、最初に見た時は『ん？　何が起きた?』ってびっくりして。やべぇ……って思いましたよ。『ユニフォーム、着れなくなるかもしれない。でも、負けねぇぞ!』って」

その小柄な選手、田臥勇太はこの時、まだ中学3年生だった。

１９９５年の秋。全国優勝41回を誇るバスケットボールの名門中の名門、能代工の練習会に招かれた中学の精鋭たちはここで洗礼を受けるのだが、田臥だけは別次元だった。ただでさえ突破が難しい状況にもかかわらず、彼らはボールを股の間に通しながらドリブルしてディフェンスを抜き去るレッグスルーなどの個人技の使用も禁止されていた。困難に輪をかけたシチュエーションのなか、田臥は10回のうち7、8回もピラニア軍団を翻弄したというのである。

畑山とともに1年生から公式戦に出場し、スリーポイントシュートなど攻守ともにオールラウンドな役割を求められるスモールフォワードの小嶋信哉もまた、田臥の舞いに圧倒され、我を失いかけていたひとりだった。

「ディフェンス役の3年生って技術が高いし、めちゃくちゃうまいんです。その先輩が田臥に当たれない……ボールにすら触れなかったというか。自分もそうですけど、ディフェンス側からすれば『ファウルしてでも止めてやる』くらいの気持ちで守るんですけど、それすらさせてもらえなかったんです。『今までやってきたのは何だったんだろう』って思ったほどでした。全く違うバスケットを見せられているようでしたね」

名門の思考を揺るがせるほどの才能は、田臥の育った環境とも深いつながりがある。

父親の影響もあり、小学生からバスケットボールの最高峰であるNBAへの興味を深めた。シカゴ・ブルズのマイケル・ジョーダンやフェニックス・サンズのチャールズ・バークレー。92年のバルセロナ五輪で初めてNBAのスター選手を揃えて圧倒的強さを誇示し、金メダルを獲得した「ドリームチーム」のスーパースターたちに憧れていた。

「俺もあんなプレーがしたい」

バスケ少年であれば誰だって思う。小学校時代に所属していた「ミニバス」の略称で親しまれるミニバスケットボールのチームから、田臥はそれが許される環境でプレーすることができていた。

「指導者の方たちがそういった方針だったことが、すごくラッキーだったと思います。基礎はもちろん教えてくれるんですけど、『もっとトリッキーなパスをしろ』とか、自分の得意な要素を活かしてくれたりだとか。そこは大きかったです」

田臥が全国に知られるようになったのは、横浜市立大道中学校の3年に上がる直前に開催されたジュニアオールスター（現：全国U15バスケットボール選手権大会）である。神奈川県選抜の一員として出場したこの大会で、田臥のプレーは際立っていた。

京都府のメンバーとして出場していた前田浩行が、懐かしむように回想する。

「とんでもないパスを出したり、『自由にプレーしまくってるすげぇヤツがひとりいるな』って。それが田臥だったんですよ」

努力と天性。

スキルの向上は、この対象的な要素が絶妙なバランスで融合した賜物でもあった。

小学生時代から小柄だった田臥ではあるが、「ちっちゃい人はちっちゃいし、大きい人は大きいから」と劣等感がなかった。それどころか、大柄な選手とのマッチアップは格好の練習材料だった。右手でドリブルをして抜けなかったのならば、左手で。ジャンプシュートをブロックされたのであれば、打つ距離をもう少し長くとってみよう――のちに彼の代名詞となるノールックパスも、こんなトライ&エラーから生まれた武器だった。

そして、努力に加味される天性とは、田臥の身体的特徴にあった。

身長１７３センチに対し、靴のサイズは29センチ。手首から中指までの長さが20センチで、リーチは１９０センチほどあると言われている。つまり、「小柄」というハンデを除けば、田臥の身体はバスケットボールに適しているのである。

本来、１７０センチ程度の選手であれば身体の横でボールを突くところ、田臥は腕を体で隠すように後方へ回すことができる。ボールは大きな手のひらにフィットしているため、トップスピードでドリブルをしてもたつくことはない。ディフェンスでもそうだ。届かないであろうと思われる場所にまで手が届くため、ドリブルする相手からボールを奪い取るスティールやパスカットも、予測を上回るプレーを実現できるのである。

前田が言う「すげぇヤツ」と囁かれていた選手は、大道中3年で「全中」と呼ばれる全国中学校バスケットボール大会に出場した。準決勝で前田がキャプテンとして率いる京都市立洛西中学校に敗れたものの、ポイントガードとしてチームを統率した田臥は大会ベスト5に選出された。

この実績が、田臥の知名度を〝全国区〟へと押し上げる大きなきっかけとなった。

全中でのパフォーマンスによって、通信講座『進研ゼミ』からＣＭのオファーが届いたのである。共演者はニューヨーク・ニックスのパトリック・ユーイング。田臥が憧れていたジョーダンやバークレーと並ぶＮＢＡのスーパースターで、ドリームチームの一員でもあった。ユーイングとマッチアップし、豪快にダンクを決めるＣＭが全国のお茶の間に流される。能代工の練習会に参加した時点で、「噂のバスケ少年」はすでに有名人となっていたのである。

田臥の物語が、大きく動き出す。

神奈川県のプレーヤーであれば、湘南工科大学附属高等学校や横浜商科大学高等学校といった強豪校へ進むことが既定路線となるはずが、高校バスケットボール界のトップランナーである能代工から練習会に招かれ、正式に「うちへ来てほしい」と誘われたのである。

田臥に、迷いはなかった。

「小学校、中学校から存在は知っていましたし、全国で強いのもあってすごく憧れがありましたからね。お話をいただいたらすぐに『行きます！』と返事したくらいでした」

センターからスモールフォワードへ

オオミチ？

菊地勇樹は首をかしげていた。バスケットボール専門誌などを通じて「神奈川に田臥ってすごい選手がいる」との情報は得ていたが、それが「ダイドウ」と読む中学のエースだということまでは認知していなかった。

「全中は東北から2チーム出られてたんですけど、中3の時は僕の中学と浅舞中（現：横手市立平鹿中学校）で、どっちも秋田だったんですね。その浅舞が予選ブロックで大道にボコられて敗けて。それで次の試合を見に行ったら、田臥がいたという」

中学バスケットボール界を基準とするなら、秋田では田臥より菊地のほうが知られていた。

秋田市に隣接する潟上《かたがみ》市の出身。中学の時点で１８０センチを超える身長だったこともあり、守りの要であるセンターを任されていたが、菊地が言うには「ただデカいからセンターをやらされていただけで、線は細かったし相手との競り合いも得意じゃなかった」という。それでも、１８０センチ超の体格は中学では大きなアドバンテージで、潟上市立羽城中学校2年ですでに全中デビュー。ベスト8まで進出している。

菊地にも、素質があった。地中に埋もれていた種が少しずつ芽吹き始めたのが、ジュニアオールスターでの合宿である。

秋田選抜は例年、能代工の体育館を借りて練習する。のちに高校でチームメートとなる大久保岳由喜がセンターを任されたことで、菊地はゴールリングに弾かれたボールを奪取するリバウンドを主目的とする、パワーフォワードを担うこととなった。このポジションはスペースがあればアウトサイドからのシュートを打つこともあるため、チームの監督から「狙えるならスリーポイントシュートを打ってもいい」と指示されていた。

センターでありながら、日頃の自主練習ではディフェンスよりスリーポイントをメインにするくらいシュート好きだった菊地が、選抜チームの合宿で嬉々としてボールを上空へ放つ。そんな中学当時の彼の姿を、能代工の1年だった小嶋は脳裏に焼き付けていた。

「センターのはずなのにスリーをバカバカ決めているから見てみると、線は細かったんですけどシュートの技術もうまかったし、そこまでの動作がめちゃくちゃ速かったんですね。『こいつが来たら、俺は他のポジションをやるんだろうな』って」

菊地は菊地で、地元であるが故に強者の「壁」をここで痛感してもいた。

同じ体育館で練習していたことから、選抜チームが能代工に胸を借りる時間もあった。跳躍力のなさを自覚していた菊地は、後方にジャンプしながらシュートを打つフェイドアウェイを得意としていた。中学では身長が高いほうだったことからブロックされることなど滅多になかったが、能代工の手練れたちにはことごとく封じ込められる。

「高校ではセンターは無理かもしれないな」

菊地はここで、洗礼を受けたのである。

中学3年でも全中に出場した菊地は当初、能代工に進学するより「ほかの高校で自分の実力を試したい」と考えていた。チームメートが行く予定の秋田県立秋田工業高等学校や男鹿工業高等学校に進むことに前向きだった矢先、菊地家に1本の電話が入る。

「佐古ですけど」

電話の主は佐古賢一だった。当時、いすゞ自動車のプレーヤーで、入団1年目の94年に日本バスケットボールの真の頂点を決める、オールジャパンと呼ばれる全日本バスケットボール選手権大会（現：天皇杯・皇后杯）で優勝に貢献するなど、台頭著しい若手選手として注目を浴びていた。

目的はスカウトだった。佐古の母校である北陸高等学校（福井県）には、以前も羽城中まで足を運んできた監督の津田洋道に勧誘されたことがあった。そこに、おそらくは恩師の命を受けた教え子である人気選手から「ぜひ来てほしい」と頼まれたのだから心が揺らがないわけがない。

北陸へ行くべきか？　逡巡するなか最後に菊地に声がかかったのが能代工だった。監督の加藤三彦と直接、話す。その際に1枚のメモを渡された。

「これが、菊地君たちが3年生になった時の理想のスタメンなんだ」

加藤に言われ、メモに視線を落とす。そこには〈3番・菊地〉と記されてあった。

バスケットボールでは、ポジションを番号でも区別している。

ポイントガードは「1番」。シューティングガードは「2番」。スモールフォワードは「3番」。パワーフォワードは「4番」。センターは「5番」。それまで5番が当たり前だった菊地は、「え!?　俺が3番……」と自分の目を疑った。奇しくもセンターとしての限界を悟らせてくれた能代工が、3番、つまりシューターとして自分を評価してくれている——疑心暗鬼に曇った眼が、すぐに輝きだした。

「とにかく強いチームなんで。試合に出られるかどうかは別として、この先バスケを続けていく上で、能代工業で経験することは大きいだろうな、と」

菊地はシューターとして生きる道を決断した。

山形からの練習生

田臥や菊地ほどの知名度はない。知る人ぞ知る名手。それが、中学時代の若月徹だ。

山形県寒河江《さがえ》市で育った若月は、寒河江市立陵東中学校で１８０センチを超える大型センターだった。ディフェンスリバウンドを捕れば自らドリブルでボールを運び、シュートを決める。そんな万能選手であり、チームの大黒柱でもあった。

当時の山形県は「今年は庄内地区から選出」といった規則があったため、寒河江地区の若月はジュニアオールスターに出場していない。全中をかけた予選で東北大会3位とあと一歩で全国を逃したが、そんな大型センターを知っていたひとりが洛西中の前田である。

「交流試合のような形で若月の中学と対戦したことがあって。全国には出ていなかったけど、当時から『身長が高いのにうまいプレーするな』と見てましたね」

全国では無名ながらも東北で結果を残していた若月は、能代工の監督である加藤から誘われ練習会に参加することとなった。

「あ、洛西中のヤツがいるな」

対戦経験のある前田にはすぐに気がついた。しかし、練習会場で目を奪われたのは彼とは別のプレーヤーだった。

「ＣＭのヤツだ！」

それが田臥だと、若月はすぐにわかった。

「前田がうまいのは知ってたんですけど、やっぱりディフェンスのプレスに引っかかっていたんですね。でも、勇太は能代工業の先輩をスイスイ抜いていて。なんか、手にボールが吸い付いてるような感じのドリブルで、しかもスピードもあって。『他のヤツと全然違うな。やっぱ、ＣＭに出るくらいだからすげぇんだな』と思いながら見てましたね」

躍動する胸の鼓動。山形から来た練習生は、「こいつとバスケができたら面白れぇだろうな」とうっすら思い描きながら、コートでボールを追っていた。

そんな若月も、能代工が第一志望ではなかった。

県内有数の進学校として名高い山形県立山形南高等学校か、私立の強豪である日本大学山形高等学校か？　両校いずれかへの進学を優先的に考えていた。それが一転、能代工への進学を決めたのには大きくふたつの理由があった。

ひとつはやはり、田臥勇太という存在だ。

「練習会で見た勇太が本当にすごくて。『こいつと一緒にバスケットやると楽しそうだな』と」

もうひとつは、能代工が「日本一」と呼ばれる高校だったこと。これが若月の衝動を駆り立てる大きな要因となった。

「山形に残るより、日本一のチームでバスケットをしたいっていう気持ちが出てきたんですね。それを親に言ったら、『いいじゃん。行きなさい』って後押ししてくれたんで」

田臥、菊地、若月。

別々の高校に進んでいたかもしれない３人の「すげぇヤツ」は、バスケットボール人生の交差点――能代工で巡り合った。

菊地と若月が田臥のプレーに高揚していたように、当の本人も血が騒いでいた。

「僕のいた中学って１８０センチを超える選手がいなかったんで、菊地と若月を見た時には『おっきいのに器用だし、プレーも上手だな』と。他のヤツらもみんなうまかったし、『こういう仲間と高校でやれたら楽しいだろうな』って、練習会に参加した時に嬉しかった記憶がありましたし、刺激も受けましたね」

出会いはおそらく、運命ではなく必然だった。強烈な磁力を放つ彼らを引き寄せた人物。それこそが、「日本一の能代工」を率いる監督の加藤だった。

「ライン」と「トライアングル」のセット

能代工にとって3度目の3冠を達成した80年にキャプテンを務めた加藤は、高校を卒業後に筑波大学、いすゞ自動車でプレーし、日本代表にも選ばれながらも87年に25歳の若さで母校のコーチに就任した。90年に監督となってからも王者の系譜を途切れさせることなく、田臥たちが入学するまでの6年間でチームを8度の全国制覇に導いていた。

チームには、前任の加藤廣《ひろ》志《し》が築き上げたバスケットボールが息づいている。

オフェンスは電光石火の速攻。ディフェンスはオールコートでのプレスで相手にプレッシャーを与え、マンツーマンではなくゾーンで領域を作り柔軟性のある守りを展開する。そして、リバウンドやルーズボールには全身でもって食らいつく。これを、試合時間の40分間、1秒たりとも集中を切らさず遂行する。

加藤は母校が築いた「強者のバスケットボール」に、独自のメソッドを注入した。

「優れた選手を5人集めれば強いチームはたくさんあるんです。でも、アマチュアでそれを継続させるためにはどうすればいいかと考えた時に、『ライン』と『トライアングル』のセットを学年ごとに交互に入れ替えることができれば、強いチームを維持できるんじゃないかと考えたわけです」

バスケットボールにおけるラインとトライアングルは、ポジション同士の連動性を指している。

例えば、ポイントガードのパスを受け取ったセンターがそのままゴールするといったコンビプレーで息が合えば、そこでラインは成立する。ドリブルでゴール下に切り込むことが多いシューティングガードが、スモールフォワードやパワーフォワードを経由して得点する流れが円滑であれば、トライアングルが作れる。「ポジションごとに選手もたくさんいるわけですから、組み合わせは10通りも20通りも考えられるわけです」と、監督はシステムの幅広い可能性を解説する。

加藤は96年のチームのラインを、前年から経験を積む畑山と小嶋としていた。そして、トライアングルには田臥、菊地、若月の３人に将来的な完成度の高さを見出していた。

中学で司令塔役のポイントガードだった田臥を軸とした際、重要視していたのはフォワードの若月だったのだという。敵味方が入り交じるゴール下でのポジショニングなどせめぎ合いに強く、リバウンド能力が高い。そして、ペイントエリアと呼ばれるゴール下付近の領域からのジャンプシュートも無難にこなす。したがって、田臥からのパスをどこから受け取っても得点できる。それが若月の強みと見ていた。

これだけならラインでもいいはずだ。３人によるトライアングルを形成する上で、菊地の存在も欠かせなかったのだと加藤は意図を補足する。

「身長が１９０もあるシューターというのが、ちょっとしたポイントでもあったんです。菊地がこのサイズでペイントの中まで入られると若月と被ってスペースがより狭くなってしまうんで、田臥のプレーの幅も制限されてしまうんです。菊地のスリーポイントの成功率が高いことは知っていましたし、身長の高さがあるだけで有利なわけですから、自分がシュートするエリアを確保して打ってくれるだけで十分だと」

加藤が中学時代にセンターだった菊地に「3番で」と提案したのは、このような綿密なプランがあったからである。

3人を勧誘した時点で、監督は「スタートで使おう」と決めていた。能力に長けた1年生がレギュラーに抜擢されるケースは、手練れが集結する能代工でも珍しいことではない。しかし、競技人数が11人のサッカー、9人の野球、6人のバレーボールと比べて、球技のなかでも少ない部類に属する5人のバスケットボールにおいて、3人も1年生をスターティングメンバーで起用するのは加藤の監督人生を振り返っても「まずなかった」ことだった。

田臥たちが入学する前に行われた新人戦。自分が加入するチームの試合を観戦に訪れた菊地は、半田と偶然出くわした。高校卒業を間近に控えた先輩の表情は冴えない。そして、ため息交じりに嘆かれたのだそうだ。

「お前が入る高校は、この程度だよ」

能代工は県北でこそ圧倒的なスコアで勝ち上がったものの、県大会では上位に進むほど点差をつけられなくなっていった。東北大会に至っては決勝で福島県立福島工業高等学校に71-78と、手痛い敗戦を食らっていた。

コート上では未熟さを露呈したかもしれない。しかし、ここにはまだ、あの3人はいない。新チームは産声すら上げていなかった。

バスケの街、能代の人間になれ

まだ秋田新幹線が開通していなかった96年。関東方面から秋田県能代市までの道のりは、長旅のような情緒を漂わせていた。

羽田空港から秋田空港まで約1時間。そこからリムジンバスで40分ほどかけて秋田駅へと向かい、ＪＲ奥羽本線で北上する。東能代駅までおよそ1時間。ここから五能線に乗り換えれば5分ほどで能代駅に到着する。

駅のホームに降り立つ。頭上にバスケットリングが設置されていることがすぐにわかった。観光客は能代駅で電車が停車している間、フリースローを楽しめるという。「バスケの街」と謳う能代市の粋な演出でもある。

秋田県の北部に位置する人口５万５７７４人（96年3月当時）の地方都市は、89年から「バスケの街づくり事業」を始動させ、市内の公共施設などにバスケットリングを設置したりと、地域の活性化を目指していた。この事業の肝となっているのが、全国優勝41回を誇る名門・能代工である。そのことは、市民の誰もが認識していた。

田臥が「電車の車輛が一両とか二両で乗り継ぎも僕の地元と全然違いましたし、能代まで『いつになったら着くんだろう?』って思っていましたよ」と言って当時の情景を思い出し、笑う。

「僕、両親が横浜出身なので田舎がないんです。小学校とか中学校で夏休みとかになると、地方に行くクラスメートに憧れみたいなのがあったんですね。なので、能代って僕が求めていた田舎というか都会では感じられない空気があったりして、すごく新鮮でした」

ＪＲ能代駅から北西へ５分ほど歩いた場所にある街のメインストリートの柳町商店街を抜け、国道１０１号線を通過して小高い「盤若《はんにゃ》の丘」を登る。そこに、田臥が３年間、バスケットボールとともに生きると決意した能代工がある。

田臥のような関東から来た人間には、最初に越えなければならない「壁」があった。能代の方言である。田臥には、こんな笑い話がある。

入学式でのことだ。つい他のクラスのバスケットボール部員と話し込んでしまい、チャイムが鳴っても教室に戻ることができなかった。すると、いきなり担任の教師に怒鳴られたのだが、訛りが強烈すぎるあまり何を言っているのか聞き取れなかったというのだ。理解できたのはただひとつ。「自分は怒られている」ことだけだった。

学校生活だけではない。能代工バスケットボール部の規則においても、地元の言葉を習得することは必須項目だった。

「能代の人間になれ」

新入部員はまず、そう教え込まれる。「はい」は『んだす』もしくは『だす』。「いいえ」は『なもだす』。

「すいません」は『わりっす』。これが主に彼らが常用していた言葉である。そのなかでパワーワードと言えるのが『ごいっす』だ。「ありがとうございます」「失礼します」のような意味合いがあるらしいのだが、とにかく汎用性が高いためＯＢたちですら本当の意味を理解しているのかどうか疑わしいと囁かれている。

ここに東北弁特有の濁点交じりのイントネーションも付与させながら話さないといけないため、田臥のような標準語がベースの人間は戸惑う。最初は先輩の問いかけに「んだす」ではなく、「はい！」と反射的に答えてしまう者も多く、その度に妙な緊張感が場を覆っていたのだそうだ。

田臥が懐古の念を呼び覚ましながら苦笑する。

「能代っていう場所が独特でしたからね。本当のネイティブにはなれないけど、地元のクラスメートと話しながら教えてもらったり。そういうのが衝撃ではありました」

能代の息吹を全身で吸収する。田臥が環境にも慣れ始めた5月。新生・能代工はその力を全国に知らしめることとなる。

能代カップのジンクス

能代カップ。

88年から続く大会で、全国でもトップクラスの強豪を招待した総当たりのリーグ戦である。ゴールデンウイークに能代市総合体育館で開催され、連日数千人もの観客を集めるバスケの街・能代の枠を超えたビッグイベントだ。95年までに8回行われたなかで能代工は2回しか優勝できていないことからも、能代カップがいかにハイレベルで注目を浴びる大会であるかがわかる。

この大会ではちょっとしたジンクスがある。

「能代カップで優勝したチームは、その年のインターハイでは優勝できない」

事実、第1回大会から能代カップで優勝したチームはインターハイで勝てていない。能代工も優勝した第1回と第3回の年はインターハイ準優勝に終わっており、それ以外は優勝5回。市民やファンの間では「能代カップは2位のほうがいい」とさえ言われていたほどである。ホストである能代市の地元校が勝たないほうがいいとは、なんとも奇妙な話である。

そんな第9回能代カップで、田臥たちは全国デビューを果たした。

スモールフォワードとしての動きがチームとフィットしきれていなかった菊地は控えに回ったものの、田臥と若月は力を示した。田臥に至っては初戦の富山商業高等学校戦でいきなり20点以上をマークするなど、スーパールーキーとしての面目躍如のプレーを披露する。

「もう、全然違うチームになってましたよね」

福島工の3年生エースだった渡邉拓馬が、感嘆を込めて言った。前年の福島国体で得点王を獲得して準優勝に貢献するなど、全国的にも知名度の高い渡邉を軸としたチームの完成度が高いのは、先の新人戦の東北大会で実証済みでもあった。

だが、能代カップの能代工は別のチームとなっていた。

コートで対峙した者だけにしかわからない圧力。渡邉はそれを感じていた。

ディフェンスで間合いを詰められる。アウトサイドからゴール下までドリブルで切り込むドライブを得意とする渡邉ですら、『スティールされるんじゃないか』と消極的になってしまう瞬間が訪れたくらいだった。福島工の仲間たちのプレーを見てもそうだ。ボールを捕られそう。パスをするところがない——そんな、渡邉が抱いたのと同様の心情が聞こえてくるようだった。試合の後半でそれが顕在化し、ミスから失点を重ねてしまう。

57-73。福島工の完敗だった。

「新人戦の時までは能代工業のプレッシャーってあんまり感じてなかったんです。ゾーンも崩すことができたり、なんなら『うちのほうが格上じゃないか』って思っていたくらいだったんですけど、能代カップの能代工業は自信を持ってプレーしてるなって印象を受けました。バスケをやっている人ならわかるんですけど、その選手が立っているだけで放っているオーラみたいなものがあって、田臥にはそれがありましたね。畑山にもありましたし、リザーブでしたけど出場したら菊地にもちょっと感じましたね」

試合後、高校バスケットボール界で名を馳せる渡邉のもとへ、能代工の選手たちが駆け寄ってきた。「憧れの選手」と公言する菊地を筆頭に「サインください！　一緒に写真を撮りましょう！」と、無邪気に押し寄せてくる。そんなか、田臥だけはその場にいなかった。

後年、渡邉がその真意を尋ねると、田臥からはこう返答があった。

「行ってたまるか！って思ってましたよ」

渡邉はここに、田臥の負けん気を再確認したという。

能代カップで5勝1敗だったことからもわかるように、福島工が弱かったわけではない。全勝優勝を果たした能代工が強かった、いや、強くなろうとしていたのだ。

9冠に繋がる敗戦

田臥、菊地、若月が高校入学早々から試合に出場できたのは素質だけが理由ではない。むしろ、それを最大限に伸ばせる度量が能代工にあったからだった。ポイントガードの田臥であれば、基本に忠実なパスを続けているとむしろ加藤から怒られたくらいだ。

「もし、ダンクできそうな選手がいたなら、それができるようなパスを出してもいいんだぞ。お前なら周りを見なくたってできるだろ？」

小学生から自由なスタイルでバスケットボールのスキルを磨いていた田臥であっても、そんな指導を受けるたびに目を丸くする。

「いやもう、『何を言ってんだ、先生は』って思うくらい、すごいアイデアで指導してくださったことは多々ありましたね。『それ、やっていいの？』ってこっちが思ってしまうくらい発想が自由だったというか」

シューターとしての道を歩み出した菊地にしてもそうだ。

入学当初、スモールフォワードとしての連係に時間を割くなか、加藤からは「ボールを持ったら、とりあえずシュートを打て」と念を押されていた。

「自分、3番ポジションとしてのドリブルとかあまり練習してこなかったのに、最初から指令がそれですからね。だから思い切りできたのはあったかもしれないです」

この思い切りこそが、伸びしろを広げる。とはいえ、彼らはまだ入学したばかりの1年生である。若さとは経験の浅さ、未熟さも同時にはらんでいる。

6月。「NHK杯」と呼ばれる東北大会で、それが露呈することとなった。

仙台市立仙台高等学校との準決勝。後半も終盤に差し掛かった頃、74-73と能代工のリードはわずか1点だった。試合時間は残り5分30秒を切っていたとはいえ、バスケットボールではいくらでもゲームの流れが変わる長さだ。

そんな局面で、司令塔である田臥が5ファウルで退場してしまう。ここからゲームが大きく動き、最終スコアは86-94。能代工は仙台に逆転され、敗れた。

当時のドキュメンタリー番組で、試合後のミーティングが映し出されていた。そこには、「スタートで出るリードガードっていうのは全責任があるんだよ。そんなに甘くないんだよ、高校のバスケットっていうのは」と言い、田臥の頭をポンと叩く加藤の姿があった。

この叱責が表すように仙台戦での田臥に若さが出たのは確かだが、それは監督も同じだった。自らの未熟さを認めていたのである。

「田臥をポイントガードにしたいって先入観が、あの時まではあったんですね」

仙台戦での田臥の5ファウルと敗戦は、バスケットボールの神様からの啓示だった——今にしてみれば、そう思えてしまう。

いつもなら加藤は、車で移動できるエリアならば自分で運転をして会場入りする。しかしこの日は、選手たちとともにチームバスで移動していたのである。試合に敗れたことで車内はお通夜のようなムードになりがちだし、監督の説法の時間にだってなりえるところ、加藤はバスに乗り込むや開口一番、こう言い放った。

「ごめん！　今日は俺のミス」

試合会場で田臥を戒めた監督が、敗因は自分にあったのだと頭を下げたのである。謝罪を済ませた加藤は、ポイントガードの田臥とシューティングガードの畑山を呼び、問うた。

「ポジションが逆だったよな。だからお前たちの動きが詰まる場面が多かったし、結果的に田臥のファウルが多くなっちゃったんだよな。お前はどっちがやりやすい？」

すると、田臥は「ウイング（シューティングガード）だす」と答えた。

加藤が続けて意見を求める。

「お前はどっちならシュートがたくさん入る？」

畑山も「トップ（ポイントガード）だす」と即答した。

「よし！　わかった。じゃあ、明日からそれで練習しよう」と言って、加藤は快活に短いミーティングを締めた。

これが、能代工にとっての重要な転機となった。

田臥が「あの試合は、本当にガードとしてコートにいられなくなることがどれだけ重要かっていうことを勉強させてもらいました」と猛省を口にすれば、畑山も後輩を慮りながら当時の胸の内をこのようにつまびらかにする。

「あそこがポイントでしたね。自分は中学生の時から、プレースタイル的に得点を取るというよりゲームメーク向きだったと思っていて。高校に入ってセカンドガード（シューティングガード）をやるようになってからも、どこかで『得点を取るタイプじゃないのに……』みたいな歯がゆさがあったんです。田臥はどちらかというと点を取るタイプだったので、自分とコンビを組んでぎこちなさがあったんじゃないかなって思っていて。だから、あのタイミングで三彦先生にそう言ってもらえたっていうのはすごく大きかったです」

加藤は今でも、「敗けた遠征で、あんなに明るく帰路に就いたことはない」と話す。それほど、仙台戦での敗戦で自らのミスに気づけたことに意味があった。

「選手たちが悪かったんじゃなくて、監督の引き出しがまだ少なかった、完全に。あのタイミングでそこを教えられて本当によかったですよ」

戒めを回想しながら、加藤は未来を見据える自分がいたのだという。

「あそこでもし、試合に勝ってミスに気づけなかったら、全国大会に行ってもどこかで敗けていたかもしれないです」

素人同然だったキャプテン

3人の1年生を試合で起用する英断。ゲームをコントロールする役割である畑山と田臥のポジションを入れ替える柔軟性。加藤がこのような大胆な決断を敢行できたのには、それだけの裏付けがあったからだ。

6番目の選手の存在。

バスケットボールでは、最も重要な控え選手を〝シックスマン〟と呼称する。その選手をはじめチームの層が厚かったからこそ1年生を積極的に出せたのだと、加藤が深謀を明かす。

「一般的なチーム運営としては、3年生、2年生がダメだから『1年生を試そう』となるはずなんです。うちはそうじゃなかった。上級生たちが6番目、7番目を固めてくれていたおかげで、田臥たちも『先輩たちがいる』って安心して思い切りプレーすることができたんですね。じゃあ、上級生がスタートで出て下級生をリザーブに回したとして、仮にゲームが壊れてしまったとなったら、あとから出た下級生には立て直せませんよ」

この年の能代工において、シックスマンはキャプテンの田中学《まなぶ》だった。

出身地である秋田県三種町はバスケットボールが盛んな土地だった。田中も夏は野球で汗を流し、冬はミニバスに興じる。そんな少年時代を過ごしていた。小学生までは複数の競技を経験する子供が多く、そのほとんどが中学生に進学するタイミングで熱を入れるスポーツを選択する。

田中が選んだのは野球だった。

「自分がいた年は、たまたま野球がうまい人が集まってたから」と、三種町立琴丘中学校では野球部に入った。田中はチームで「３番・センター」を担うほどの中心選手となったものの、中学での実績は乏しかったのだと苦笑する。

琴丘中と言えば、秋田県のバスケットボール界では名門として知られていた。監督である鎌田義人の手腕に惹かれて入部する者も多く、その代表格に小納真樹《こなまさき》と真良《まさよし》の双子兄弟と大場清悦《せいいち》がいた。同級生である３人は能代工へと進み、中心メンバーとして91年にチーム６度目となる３冠を達成。原動力となった彼らの功績は、県内では語り草となっている。

大会で早々に敗退し野球部を引退していた田中は、残りの中学生活で持て余した体力をバスケットボールで消化するようになっていた。正式な部員ではなかったが練習に参加するようになると、ポテンシャルの高さが鎌田の目に留まった。身長も１８０センチ近くあったこともあり、「能代工でバスケをする気はないか?」と勧められた。

ミニバスの経験があるとはいえ、身体が大きく成長する中学では野球部。高校でバスケットボール部に入ることは大きなハンディキャップとなる。

田中に尋ねた。なぜ、他の高校ではなく、日本一の能代工だったのか？

ふふふっと笑い声を漏らしながら挑戦の裏側を語る。

「一番を目指してる能代工業でやりたかったのもあるし、中学で一緒にバスケをやってた仲間が『一緒にやろう』って誘ってくれたから」

サイズはそこそこあり、身体能力も高い。そうはいっても、田中のバスケットボールの技量は素人同然だったという。

同級生の金原《かなはら》一弥は遠慮せずに言ってのける。

「小学校の時に『ミニバスをかじった』とは言ってたんですけど、シュートは下手だったし、バスケの才能があるようには思えなかったですね。でも、努力はしていました」

努力。「バスケの素人」である田中にとって唯一の武器ではあった。そして、これを貫ける信念こそが、彼の最大の強みでもあった。

皮肉なことに最初はそれが仇にもなった。入学して間もなく左足のすねを疲労骨折し、1か月後には右足にも同じ怪我を負った。故障が癒えた矢先に、どうもすぐに息切れを起こしている自分に気づく。走る度に全身に重さを感じるようになり、原因究明のためいくつかの病院で精密検査をすると重度の貧血であることが判明した。

ただでさえ素人という大きなハンディを背負っている田中を襲う、数々の災難。それでも、バスケットボール部を辞めることはなかった。

「意地です、意地」

そう言って、田中が笑う。断固たる信念。そこには責任感も含まれている。

「自分のことだけだったら、辞めてたかもしれないですね。でも、小納さんとか大場さんがいた琴丘中から来たんで、辞めるわけにはいかなかった」

貧血の症状が改善してきた2年生になると、田中はAチームのメンバー入りを果たす。実現したのは努力だったのか。いや、違う。東北地方をはじめ全国各地から精鋭が集まる能代工において、努力など大前提に過ぎない。そこを理解できない者は、いつの間にかコートを去っている。

彼らの多くは〝お山の大将〟だ。中学までは自分が点を取り、守る。チームの中心に君臨できていたあまり、ミスをしたとしても「あいつならしょうがない」と見過ごしてもらえるが、能代工は違う。練習での1本のシュート、ワンプレーが命取りとなる。

スリーポイントシュートを5本中4本、成功したとする。しかし、なかには5本全てを決める者もいる。そういった選手がひとり、またひとりと現れるたびに「4本も決められた」ではなく「1本外してしまった」と自分を戒めるようになってしまう。次第にプレーは萎縮し、4本決められていたものが3本、2本、1本……ついにはゼロとなり、完全に自信を失う。いくら誰よりも汗をかいていると自負していたとしても、生存競争に敗れ、コートを去っていく者だって少なくはない。田中を能代工へ誘った琴丘中の同級生も、そのひとりとなってしまった。

では、シュートを常に１００パーセント決められればいいのかと言えばそうではない。能代工では「自分」を見極められることを何よりも求められる。シュートが入らなければパスを磨こう。オフェンスが苦手ならばディフェンスを得意分野にしよう——そういった唯一無二の武器を携え、発揮してはじめてコート上での競争という舞台に立てるわけだ。

田中にとってのストロングポイントは、リバウンドだった。

生きる道を授けてくれた存在があった。デニス・ロッドマン。96年当時はシカゴ・ブルズでジョーダンとともにプレーし、ＮＢＡ屈指のリバウンド力を誇る選手だった。気性の荒いプレースタイルから「バッドボーイ」と異名を付けられたほどの選手でもある。

リバウンドをメインとした、ディフェンスに力を注ぐロッドマンのプレースタイルに共鳴した田中は、ひたすらコートを往復し、ゴール下を制圧するメニューを重点的にこなす。下級生時代は１学年上のポイントガードだった半田のフォローマン——当時の役割で言う「付き人」だったこともあり、自主練習を手伝う過程でパスを受けるタイミングやふたりの連動性を高めるための走路など、細部に至るまでスキルを磨くこともできていた。自宅から電車通学だった田中は、朝は６時台の始発、練習後は21時台の終電。そんな毎日を過ごしてきた。

ロッドマンとは真逆の誠実さ。監督の加藤は、田中の姿をしっかりと目に留めていた。

「ひと言で表現するなら真面目。地頭がいいから物事を捉える能力っていうのかな、周りの行いとかから良いところを自分に落とし込める知恵がありましたよね。とにかく熱心な性格なんで、『今日はこれをできるようにしよう』『この期間までにこのスキルを身につけよう』と決めたらとことんやり抜いていました。そういうところから徐々にステップアップしていくわけですけど、彼の姿を仲間たちも見ているんですね。だから、自分の実力を付けていくと同時に、チームからの信頼も得られていったんです」

　リバウンド力を身につけ、身長も１８９センチまで伸びた田中は、能代工にとって欠かせない戦力となっていた。

　自分たちが最上級生となる新チームがスタートするにあたって、生存競争を勝ち抜いた同級生11人が代わる代わるキャプテンを務めた。そして、適任者を決めようとなった際に「お前がやれ」とチームメートが田中を推挙してくれた。

　金原が舞台裏を話す。

「学は本当に人当たりがいいし、『みんなの期待に応えたいから俺がやる！』みたいな男気で周りを引っ張る力があったから。俺はこの力こそあいつの才能だと思うんですよ。シュートもパスも下手くその状態からスタートしても、チームから弾かれるどころか常にみんなの真ん中にいるようなヤツ。それが学だったんです」

　野球からバスケットボールに転向した男は、チームの誰もが認めるキャプテンとなった。

5・5・5の法則

キャプテンはいつだって前向きだった。

大役に抜擢されたのは「人柄、人柄」と言って笑い飛ばし、「とりあえず、その場にいるだけでいいってイメージだったから」と、田中はまた笑う。

「自分には経験がないから。スタートで出られないことは受け入れて。『プレーで魅せられないなら、どこかでカバーしねぇと』と思ってはいましたね」

田中が意識していたひとつに、「後輩たちに気を遣わせない」ことがあった。

もともとの面倒見の良さから、普段から後輩たちに慕われてもいた。96年当時の運動部と言えば、まだ厳しい上下関係が色濃く残っている時代ではあったが、監督の加藤から「そういうのは、そろそろやめようよ」とお達しがあったためかなり緩和されつつあった。練習前の備品の準備や見学者の案内、下宿での身の回りの世話など最低限の関係性こそあったものの、田中はできるだけ後輩にストレスを与えないよう努めた。

そのためか、あえて「いじられ役」にもなった。

自主練習中、陽気な畑山から茶々を入れられる。

「学さん、中学は『3C（3番・センター）田中君』でしたけど、高校では『4C（背番号とポジション4番のキャプテン）田中君』になりましたよね！」

そう言い放ってケラケラ笑いながら逃げる畑山を追いかけ、じゃれ合う。そんなコミュニケーションが自然とできるだけの度量が、田中にはあった。

1年間をともに過ごし、関係性を深めている3年生と2年生だけではない。1年生にも同じように大きな器で接してくれていたと教えてくれたのは、田臥だった。

「『学さん』って呼ばせてもらっていたんですけど、もう、試合でも練習でも縁の下で支えてくれていたというか。本当に優しくて、僕が失敗した時は『大丈夫、大丈夫。頑張れ！』と。上から押さえつけられるようなことは1回もされたことがなかったです」

そんなキャプテンがシビアな表情を見せることが、時折、あったのだという。後輩の畑山は、そんな光景を度々目にしていた。

「学さんが金原さんとしゃべってるのは目撃してましたね。『何しゃべってんだろう？』って感じで見てましたけど」

田中の話し相手は、マネージャーの金原だった。畑山に目撃されたようにコート上で会話することもあったが、話し込む際は人目につきづらい体育館地下のトレーニングルームが多く、内容はだいたい同じだった。

「俺たち3年が第一線じゃねぇから、あいつらに迷惑かけて……」

田中が弱音を吐くと、金原は肩を叩きながらキャプテンに顔を上げさせる。

「あいつらが思いっきりプレーできるように、俺らがしっかりしねぇとダメだべ。何ができるか？ってことを考えてくべ」

監督の加藤が構築した強者のメソッドのひとつに、「5・5・5の法則」がある。

公式戦でエントリーできる選手15人が、3年生、2年生、1年生で5人ずつであれば、次の世代も安定した力を出せる。「人事とシステム」を重要視する加藤は、ポジションの相性から成る「ラインとトライアングル」などバランスを取りながらチームを構成していった。

田中世代のチームは、このバランスが極端に偏っていた。

3年生でベンチ入りしているのは田中と船木一英、沼田公樹の3人程度しかいない。そこに1年生の田臥、菊地、若月を加えれば、残りは全員2年生だった。

およそ「3・9・3」で編成されていたようにチームバランスが不安定だったことから、練習では加藤から「お前たち3年がしっかりやれないんだったらいらないじゃないか！」と、手厳しいハッパを掛けられる。

そうするとまた、ふたりは地下室で密談する。その繰り返しだったと、金原は回想する。

「自分たちの学年でコンスタントに試合に出られる選手が少なかったのは実力が足りなかったからなんですけど、それを学とか3年生みんなが認めていたからこそ余計に不甲斐なさがあったというか。三彦先生に怒られることは多々ありましたけど、自主練とかでも結構、気合い入れながらバチバチした雰囲気で『なんとかしてうまくなってやろう』って、そこに屈せずバネにしてやれてはいたんです。それでも、試合に出るのが2年生と1年生だったんで『実力が足りないことがもどかしい』と。その繰り返しという感じです」

悔しさやジレンマはあった。ただ、下級生に対してひがみをぶつけるような3年生はいなかった。彼らは大人であり、その空気を作り出していたのが田中とマネージャーの金原だった。

能代工のマネージャーは監督の腹心

名門である能代工はバスケットボール部専用の体育館がある。オールコートで2面分。練習ではAチームとBチームが1面ずつ使用する。

ピッ！　ピッ！　ピッ！

マネージャーが笛を鳴らすと同時に選手たちが素早く動きを展開させていく。ウォーミングアップから気が休まる瞬間などない。常に全力。まだ能代工仕様の「試合で40分間、ハードワークできる体力」が備わっていない1年生は、すぐに息切れする。

こういった際、マネージャーの金原は「大丈夫か？」「サボんな！」といった抽象的な言葉で彼らを鼓舞するようなことをしないと決めていた。

「あのラインまで全力で走るか？　それとも流すのか？　この差は大きいべ。お前はどっちだ？」

1年生は「全力だす！」と答える。金原は無表情で「じゃあ、頑張れ！」と尻を叩く。

体力が身につき、練習にも慣れている2年生に対しては、より言葉を選んだ。

すでに主力となっていた畑山と小嶋ならば、どこかで「どうせ自分は試合に出られるんだから」といった気持ちの弛緩が練習態度に出てしまうことがあった。このようなケースで金原は、ストレートに危機感を煽るようにした。

「手ぇ抜くとどんどん力が落ちて試合にも影響するって、今まで先輩とか見てきてわかってるよな。だからサボんな。今、ちゃんとやっとけ！」

すると、畑山であれば「へへ。バレました？」といたずらっぽく笑いながら、すぐに全力の姿勢を取り戻す。金原が言う。

「2年生、1年生が主体のチームだったから、あいつらを怒るというよりは気持ちを乗せることを意識していたように思います。いつも『どうやったら、あいつらの気持ちを折れさせずに練習をやらせられるか？』と。能代って本当に練習をやっただけ、サボっただけそのまま結果に反映されるんですよ。あいつらは下級生で次の年もあるから、チームを盤石にしないといけなかったんで」

能代工においてマネージャーとは、単なる雑用係ではない。監督の右腕。助監督と言えるほどの権限がある。バスケットボールの実力と知識、チームにおける求心力。これら全てが備わらないと監督から指名されることはない。

これは、前監督の加藤廣志が「教師としての仕事で体育館を離れている間にも、自分がそこにいるかのような存在を育成したい」と考え、１９６０年代から続いてきた能代工の伝統でもある。過去には「友川カズキ」としてシンガーや画家として名を馳せた及位《のぞき》典司《てんじ》など、高校を卒業後に自主、自立を果たすマネージャー出身のOBが多い。

廣志の教え子でもある加藤三彦も、マネージャーの重要性をこのように説く。

「信頼度は他のチームとはけた違いです。僕はマネージャーを同志だと思っていたから、選手よりはるかに上の立場として見ていました。選手はいくらでも鍛えることってできるけど、いいマネージャーを作り上げるって大変なんです。バスケットのことを勉強して、ちゃんとトレーニングもできるというね。選手以上に自分を鍛えられる人間っていうのはなかなかいないんだけど、うちにはいましたから」

田中の世代では、それが金原だった。

出身は宮城県古川市（現：大崎市）で、地元の市立古川中学校ではポイントガードとして新人戦で県大会優勝などの実績を持つ。もともと能代工への憧れは強く、1学年上の先輩が進んでいたこともあって「実力を試すというより、夢を追いかけていった」と、金原は経緯を話す。1学年後輩で中学時代に対戦経験のあった畑山が、「めちゃくちゃうまいガードでしたよ」と唸るくらいだから、バスケットボールの実力が高かったのは間違いない。

加藤からマネージャーの打診を受けたのは、2年生のインターハイが終わって間もなくだったと、金原は記憶している。

「お前たちのチームでは、金原がマネージャーとしての適性が高いと俺は思ってる。チームに貢献するためにやってくれないか？」

能代工においてマネージャーとは名誉である。しかし、この現実をすぐに受け止められるほど高校生は成熟していない。やはり「ユニフォームを脱ぐ」という決断に対する逡巡は強く、過去にも「自分はプレーヤーにこだわりたい」と固辞する部員は多かった。

そんななか金原は、すんなりと自分を見極められたタイプだった。

「プレーヤーとして『あがきたい』って気持ちはあったんですけど、それよりも『プレーヤー以外でも自分は求めてもらえる存在なんだ』と思って。どんな形でもチームに貢献したいとはずっと思っていたんで、精一杯やろうかなと」

1日ほど考えたのち、同級生に「俺、来年マネージャーやれって三彦先生に言われたんだけど、どう思う？」と意見を求めた。

仲間たちは即答した。

「うちらの代なら、お前しかいないよな」

なぜ新チーム発足時ではなく、半年以上も前にマネージャーを打診されるのかというと、1学年上のマネージャーに付いての〝英才教育〟の期間が含まれているからだ。

練習の流れの把握。監督に提出する選手間ミーティングの議事録の作成。スコアブックなど試合の記録の整理……。場合によっては加藤のそばでバスケットボールを勉強させられることもある。そうやって、新チーム始動時までに一人前になっている。

もうひとつ、マネージャーには大きな役割がある。全体練習後の自主練習の相手だ。下級生の指導が主な役割ではあるが、よりレベルの高いパートナーになるべく日頃のトレーニングは必須科目でもあった。金原は特にウエートトレーニングを重視した。身長１６０センチと小柄ながら、自分より30センチほど身長の高い田中や小嶋ですら弾き飛ばすほどのパワーがあったという。後輩たちからはひそかに〝筋肉ダルマ〟と呼ばれるほど恐れられていたマネージャーだった。

金原たちが3年生だった96年は、伝統の汗が染みついた体育館が老朽化により建て替えが決まっていた。6月15日に歴代の名選手なども集結しての「能代工業旧体育館　惜別の会」から、選手たちは近隣の小学校の体育館や市の施設など、場所を転々としながらの練習を余儀なくされた。

そんな不遇な環境下に置かれていながらも、能代工はブレなかった。畑山は「それがうちの強みなんですよね」としみじみと語る。

「見えないフラストレーションみたいなのはあったと思うんです。そんななかでも3年生を中心に『自分たちに何ができるのか？』ということを考えて、それぞれが役割を全うしていたと思うんですね。Ａチームが練習している間に、Ｂチームの3年生が外回りの掃除をしてくれてたり、『先生に怒られるのは俺らだけでいいから、お前らは思いっきりやれ！』ってスタンスで常に接してくれていたんで。バスケに集中できる環境づくりというのは、他の高校もやってることだとは思うんですけど、能代工業はそこがずば抜けてすごかったと思います。だから、困難とかもきちんと乗り越えて結果に繋げられたんです」

ありえないアクシデントからの逆転

全国大会に臨むにあたって、能代工では重要な〝儀式〟が行われる。

インターハイ初戦前夜のミーティング。大部屋に集まった選手たちは、「10点以上！」「リバウンド10本！」と、一人ひとり試合での具体的な目標を大声で叫んでいく。

「じゃあ、そろそろやるか」

ミーティングが終わり、先輩たちがそんな合図すると、初めてメンバー入りした選手たちが上着を脱ぎ始める。そこには当然、1年生の田臥、菊地、若月の3人もいた。

「能工バスケット！　力の限り～♪」

「能工バスケット！　自慢の足で～♪」

奏でられるリズムに合わせて、すでに全国を経験しているメンバーがインターハイで初めてベンチ入りを果たした選手たちの素肌を嬉しそうにバチバチ叩く。

これが、能代工バスケットボール部伝統の「スポーツ音頭」である。

手荒い闘魂注入によって、素肌を真っ赤にした初出場選手の気合いが漲るだけではなく、選手全員の士気も高まる、チームにとって不可欠な儀式でもあった。決勝まで進むことを想定すれば、この年なら6回行われることとなっていた。

96年の山梨インターハイ。初戦は特に、チームの気合いが試される試合だった。

相手の横浜商大は天敵だった。3月に能代工の体育館で行った練習試合では7試合中5回も敗れている。このインターハイでも前半で最大10点以上ものリードを許すタフな試合となっていた。

当事者たちの多くは、この一戦を「よく覚えている」という。なぜなら、普段ではありえないアクシデントが起こったからである。

能代工が劣勢を強いられているなか、田臥のミドルシュートが決まった瞬間にコート上がいきなりブラックアウトする。得点がカウントされたと同時に体育館が停電したのだ。試合は中断され、選手たちはコートサイドで待機することとなった。

これが、試合の流れを変える潮目となった。加藤が畑山を呼び、指示を出す。

「これだけ点差を離されてんだからさ、ちょっとくらい長い距離でもいいからスリーポイントをどんどん打っていこうよ」

体育館が通常の明るさを取り戻し、試合が再開される。ポイントガードの畑山が監督からの指示通り、スペースを確保した田臥にボールを供給する。現代のバスケットボール用語で言うディープスリー――すなわち、スリーポイントラインから1、2メートルほど離れた距離から田臥が積極的にボールを放つ。これが、立て続けに決まった。前半終了時でビハインドはわずか1点。これで息を吹き返した能代工は後半で形勢をひっくり返し、79‐61で難敵を退けた。

アクシデントからの逆転劇に、常勝チームならではの皮肉も飛んだのだという。

「能代工業の関係者が体育館の電源を落としたんじゃないか？」

敗戦に原因があるように、勝利にも必ず裏付けがある。自身の地元である神奈川のチーム相手に30得点を叩き出した田臥のパフォーマンスもそのひとつだが、それだけではない。３月の練習試合での敗因を、しっかりと血肉にしていたのである。

あの時は、畑山と小嶋のラインが機能していなかった。小嶋がリバウンドを捕り、ポイントガードにパスをする――この流れを相手に読まれていたためことごとくカットされ、攻守が入れ替わるターンオーバーを繰り返してしまっていたのである。翻ってインターハイでは畑山が選手の動きを見ながら場所を変え、時には小嶋のそばまで来てパスを受け取るなど柔軟に対応してくれたことで、能代工は徐々にペースを掴むことができたのだ。

表が田臥なら、陰のＭＶＰは畑山。そう言わんばかりに小嶋が称える。

「あの試合は、畑山の機転に尽きると思ってるんですよ。２年生でしたけど、状況確認とかゲームを読む力が優れていましたからね。自分と相手を見ながらチームをコントロールしてくれていたのが一番だったかなと思います」

3年連続で3冠、獲りたい！

下級生主体の能代工が、トーナメントを勝ち上がっていく。高校からシューターとなった菊地もスモールフォワードとして畑山や田臥との連係が取れるようになり、このインターハイからスタメンに定着するようになっていた。

そんななか、浮かない表情が続いていたのが若月だった。

監督の加藤から田臥、菊地とのトライアングルでキーマンに位置付けされながら試合では怒鳴られることが多く、1回のミスで交代させられることも珍しくはなかった。

若月は「怒られ役」だった。

加藤の叱責に対し、おとなしい部類の性格である田臥は「はい……はい」と途切れがちに返事し、人見知りを自認する菊地は返事をせずうつむくことが多かった。その点、若月はいつも「はい！」と答えた。要するに、跳ね返りが気持ち良すぎたのである。

とはいえ、人間、誰だって怒られたくはない。若月とて例外ではなかった。

たった1回のミスで交代させたことについて、加藤はこのように説明する。

「ひとつのミスが試合の流れを変えたり、勝敗をも左右するわけじゃないですか。そのことを未然に防ぐため、プレーヤーにミスを知らせる意味ではそのほうが分かりやすいですから」

スポーツであれ、仕事であれ、ミスをしようと思って物事に取り組む人間などいない。たとえその意識を刷り込んでいると思っていてもミスをしてしまうのは、行動がまだ伴っていないからだ。加藤は、そのことを能動的に伝えるために「ワンミス交代」を採用していたのである。

そういった狙いがあったとはいえ、選手本人、ましてや1年生の若月にとっては苦痛だった。今でこそ笑い話かもしれないですけどね——そう前置きし、当時の心情を吐露する。

「三彦先生からすれば、私は怒りやすかったのかもしれないですよね。でも、ワンミス交代……トラウマだなぁ。1年の時は試合に出るのが億劫で。『また怒られる』『ワンミス交代させられる』って思っただけでもう。プレーというよりは、先生に萎縮していたところもあったかもしれないです」

試合で若月と交代するのは、同じパワーフォワードであるシックスマンの田中だった。コート上で監督から怒鳴られ萎縮している後輩の姿に申し訳なさを抱きつつも、「あいつは切り替えが早いから」と安心して見守っていられる自分もいた。

ただ、ずっとこう思っていた。

「俺はプレー時間が限られているから、出た時はできることを精一杯やろう」

福岡大学附属大濠高等学校との準決勝。注目の金山勉、重吉康之に加え、205センチのビッグマン、三苫《みとま》佑介が軸となるチームのスタメン平均身長は、能代工より7センチも上回る191センチ。高さで相手を圧倒する、大会の優勝候補でもあった。

この強豪相手に、田中は気概を見せた。

リードを許していた前半の残り10分を切ろうとしたタイミングで若月に代わりコートに入ると、攻守の切り替えで誰よりも早くゴール下に走りスペースを確保する。相手が田中に引き寄せられるようにペイントエリアを固めると、センターの小嶋が素早くアウトサイドに移動してスリーポイントを放つ。相手が外を警戒すれば、今度はインサイドにスペースが生まれた。前半残り5分を切ったところで田中が立て続けにゴールを決め同点。直後に畑山のスリーポイントで逆転に成功すると、能代工はペースを掴んだ。後半も豊富な運動量で畑山と田臥をアシストし、要所では自分も得点する。交代してから試合終了までプレーした田中は、10得点3リバウンドと仕事を果たした。

「大濠に勝てて、あれで『いける』と思いましたね」

満足げに話す田中が「いける」と指したのは、言うまでもなく優勝だ。決勝では京都の強豪、洛南高等学校を１１０‐65で圧倒。93年から続くインターハイの連覇を「４」に伸ばすとともに、田中世代での１冠目を手にできた。

常に日本一を宿命づけられるチームは、いつしか「優勝するまで喜びを表現してはいけない」という不文律が当たり前となっていた。そこには「次の試合があるから浮かれてはいけない」といった理由があるとされているため、彼らは決勝戦が終わるまでいかなる状況であろうと表情を変えることなくワンプレーに集中する。

だから優勝すると、それまで溜めこんできた感情が爆発するのである。

「3年連続で3冠、獲りたいです！」

まだあどけなさが残る1年生の菊地が、直後の取材で勢い余って大風呂敷を広げてしまう。すると、監督から「1年坊主がちょっと勝っただけで大きいこと言うな。九官（9冠）鳥か！」とすかさずツッコミが入る。歓喜の場は、なごんでいた。

表彰式。選手や応援団が喜びを爆発させている間、マネージャーの金原はひとり控室の椅子に座り、じっとしていた。

「よく優勝できたよなぁ」

そう独りごち、大きく息を吐いた。喜びより安堵。3年生を導き、2年生と1年生を鼓舞してきた監督の腹心は、束の間の感傷に浸っていた。

単独チームとして臨む国体で2冠達成

インターハイを制し安堵したのは金原だけではない。チームの総意を代弁するように、キャプテンの田中はその理由を簡潔に述べる。

「本当に獲れてよかった。勝たないと2冠、3冠のチャンスがないから」

次に挑むビッグタイトルの国体優勝は、選ばれたチームしか冠することのできない称号である。というのも、各都道府県の優れたプレーヤーたちで選抜チームを結成することができるからで、ほとんどのチームは〝オールスター〟で大会に臨む。

そんななか、能代工は「単独チーム」にこだわる。

67年の埼玉国体で初の全国制覇を成し遂げて以降、そのスタイルは変わっていない。理由について、前任の廣志は「他の学校の選手と合同で練習する時間は限られているし、監督が気を遣ってしまう。なにより、団体競技はコンビネーションなどのチームワークが重要であり、能代工はそれで何度も勝ってきている」と自負していたからだ。

とはいえ、常勝・能代工と言えど、毎年のように全国大会でタイトルを獲得できていたわけではない。国体出場を巡り、こんな逸話がある。

ウインターカップがまだ全国高等学校選抜優勝大会として2月に行われていた82年。能代工は東北予選と本大会決勝で日大山形に連敗し、優勝を逃した。このような背景もあり、国体の選手選考委員会で「他のチームから選手を入れてみてはどうだ?」という議題が挙がった。

しかし、廣志は断固として首を縦に振らなかった。それどころか、「敗けたら今後一切、国体の監督はやらないし、能代工業の監督も辞任します」と啖呵を切ったのである。そして廣志は、インターハイと能代工単独での国体の連覇という有言実行を果たして委員会を黙らせた。この年から前年の95年までの14年間で6度の国体優勝。能代工はたとえインターハイでタイトルを獲得できずとも、単独チームとして臨むことを許されるようになっていた。

ホワイトとネイビーをアクセントカラーとしたユニフォーム。唯一、違うとすれば胸の表記が「能代工高」でなく「秋田」になっていることだ。

96年の広島国体。出色のパフォーマンスを披露したのが菊地だった。

高校からスモールフォワードとなった「元センター」は、田臥、若月と比べて実質的なデビューは遅かった。監督の加藤からシューターとしての資質を見出されて能代工に入ったとはいえ、まだシュート成功率も低かった。それは、まだ発展途上だったスキルより、他の選手たちとの連係やディフェンスに慣れていなかったことが大きい。

センターであればゴール下に向かって走ればいいが、高校でのポジションは両サイドが領域となる。だからといって一目散にそのレーンを走ればいいわけでなく、臨機応変にポジションを変えドリブルを展開するシューティングガードの田臥の動きと被らないよう考慮しなければならない。さらに、能代工のお家芸でもあるゾーンディフェンスにおいて菊地は広いスペースを守らなければならなかったため、相手の動きも把握した上でのポジショニングが求められていた。これらが少しずつチームとフィットし始めてきたのがインターハイであり、オフェンスでは得意とする45度のゴールとの角度を常にキープできるようになっていったというのだ。

「能代工業のバスケって、オフェンスもディフェンスもとにかく速いじゃないですか。そうなると自分のポジションって、普段なら打たないような場面でも素早いテンポで打たないといけなかったりするんですけど、そのリズムが合っていったのかなと思います」

スリーポイントラインで45度の角度を確保する。ガードの畑山や田臥からボールが供給された瞬間、菊地はすでにゴールポストを見てシュートを放っている。この一連の流れが、相手ディフェンスがカバーできないほど、とにかく速かった。国体では山形との準決勝で7本、大阪との決勝では8本のスリーポイントシュートを決めた。この2試合に至っては、普段はチームのトップスコアラーである田臥をも上回る得点力を見せつけた。

インターハイに続く2冠達成。前年の福島国体で初戦敗退を経験している田中は、この大会での優勝が最も嬉しかったと話している。

「単独で出る以上は敗けたくなかったというのはありますけど、前の年に敗けていた分、『俺らの代では絶対に獲りたい』って気持ちは強かったです」

金原も田中と同じ感情を抱いていた。

インターハイの時と同様に、選手たちがコートで喜びを爆発させている間、マネージャーは控室でひとり優勝の余韻に浸っていた。

「インターハイはホッとしたっていうのが一番でしたけど、国体は純粋に嬉しかったですね。『あぁ……優勝できた』って」

喜びを噛みしめる金原の頬には、涙が伝っていた。

スーパールーキー42得点の大爆発

次代のマネージャーとして広島国体後から裏方に徹するようになっていた2年生の西條佑治は、体育館の隅で小さくうずくまっている田臥の姿を捉えていた。

ウインターカップを目前に控えた能代工はその日、大学との練習試合でコテンパンに打ちのめされていた。高校の頂点に君臨している常勝軍団とはいえ、大学生を相手に簡単に勝てるほどバスケットボールは甘くはない。ましてや、最大で6歳も年齢が離れている田臥ともなればフィジカルやスタミナで圧倒的不利なのは自明でもあった。

とはいえ、能代カップで福島工の渡邉にただひとり友好を求めなかったほど負けん気の強い男である。相手がいくら大学生とはいえ敗けは敗け。だから、悔しかったのだろう。

田臥は体育座りしながら泣いていた。

西條は悲嘆にくれる後輩の姿をしっかりと目に焼き付けていた。

「あの田臥でもけちょんけちょんにやられていたんで。能代工業に入学してからやってきたことが通用しなくて悔しかったんでしょうね。でも、それを経験したことで、ウインターカップではさらに化けましたから、あいつは」

初戦から28点、28点、26点とエースとしての役割を遂行してきた田臥が爆発したのが、準決勝の仙台戦だった。

6月のNHK杯で5ファウルでの退場という自らの手痛いミスもあり苦杯を嘗めさせられた相手でもある仙台とは、東北のみならず全国の舞台でもライバルとして毎年のようにしのぎを削っている。監督の佐藤久夫が築き上げた緻密なバスケットボールによって、前年のウインターカップでチームとして初めて決勝に進出し、準優勝を遂げている。この時から主力を務める得点能力の高い瀧川隆司、ゲームメークに長ける司令塔の金田詳徳。全日本ジュニアにも選出される2ガードを擁するチームは、仙台のなかで「歴代最強」と呼ばれていたほどだった。

そんな強者に田臥は、ガチンコで挑んだ。

ポイントガードの畑山ですらパスを出しづらそうにしているほど、マッチアップする金田に厳しくマークされても田臥は強引にドライブを仕掛けた。ゴール下で長身のセンターとパワーフォワードが立ちはだかれば、片手でボールを浮かし気味に放つフローターシュート、フェイントをかけてシュートするダブルクラッチなど個人技で応戦した。

ＮＨＫ杯からスーパールーキー・田臥の実力はわかってはいたが、こうしてまざまざと同級生の高次元のプレーを見せつけられていた仙台の1年生、柏倉《かしわくら》秀徳《ひでのり》は、控えメンバーとしてコートサイドで戦況を見守りながら体は疼いていた。

「田臥には本当に衝撃を受けていました。瀧川さんと金田さんは2個上なのにマッチアップしても遜色ないというか、むしろやり合っていたので。田臥のいる能代工業と3年間、対戦できる楽しみはありつつも『手強いだろうな』と思っていました」

試合の流れが大きく変わったのは後半残り3分12秒からだった。

スリーポイントシュートで82‐80と逆転した直後、司令塔の金田が田臥に接触してしまい5ファウルで退場となったのである。チームの危機ではあったが、この瞬間、柏倉は「出たい」と監督に目配せしようとすると佐藤はすでに自分を見ていた。行け！――仙台期待のルーキーは、飛び出すようにコートへと走っていった。

柏倉の記憶は事実上、ここでほぼ止まっている。

ファウルを受けた田臥が2本ともフリースローを決め、仙台の攻撃となると能代工が猛烈なオールコートプレスを仕掛けてきた。瞬く間に畑山と菊地に行く手を遮られた柏倉は苦し紛れにパスを出すもカットされ、そこからパスを繋がれた田臥に勝ち越しゴールを許した。

ここで「頭が真っ白になった」という柏倉は、この直後にも畑山にスティールされて追加点を与えてしまった。そこから次第にポイントガードとしてボールを味方に供給できるようになったとはいえ、一度開いた傷口は修復不可能となっていた。

87‐95。

すみません、すみません……記憶を取り戻した柏倉は、号泣していた。3年生から「お前には次があるんだから。ここからだぞ」と肩を叩かれても、「すみません、すみません」と嗚咽を漏らしながら謝罪することしかできなかった。

田臥はこの試合で42得点と爆発した。1年生の明と暗。柏倉にとってこの敗戦は、その後の高校バスケットボール生活において重要な分岐点となる。

大会ナンバーワンプレーヤー渡邉が見た能代工

「え？　嘘だろ!?」

渡邉は虚を突かれたように返した。

決勝戦前日の夜。福島工の選手たちは宿舎の大浴場で準決勝の疲れを癒していた。話題は自然と翌日の能代工戦となり、キャプテンの林恒太からおもむろに「お前が田臥に付けばいいんじゃない？」と提案されたのである。

「林に言われてびっくりしたんですけど、『田臥にやられないようにしないとな』って感じくらいの意識にはなりましたね」

司令塔としての役目もこなし、得点も決める。多彩なオフェンス能力を誇るのが田臥であれば、渡邉は生粋のスコアラーである。ポジションはシューティングガード。「でも、３番もやったし、ポジションはあんまり関係なかった」と言う。

ゴールに対し45度あたりからのドライブを得意とし、「目の前のディフェンスは抜ける自信があったから、いつもその裏にいる２人目を見ていた」と話す。相手から「渡邉は左からのドライブは苦手だ」と右側を固められれば、その場でジャンプシュートを打つ。そこを意識させられれば右側が空くし、両方を固められたらスリーポイントシュートを放つ。渡邉は多様な攻撃バリエーションを瞬時に体現できる、バスケットボールＩＱの高い選手だった。

原点は中学時代まで遡る。

中学になって身長がどんどん伸びてきた渡邉は、小学校のミニバス時代から思い描いていたプレーを具現化できるようになり、バスケットボールが楽しくて仕方がなかった。時間さえあればボールを突き、シュートを打つ。そんな日々を過ごしていた。

だが、渡邉は孤独だった。いや、そう思わせないほどバスケットボールと向き合った。

福島市立蓬莱中学校時代から、自主練習はずっとひとりだった。95年開催の福島国体強化指定選手として福島工に入学してからもそうで、メインの体育館で全体練習を終えるとボールとペットボトルの水を抱えて第2体育館へ移動し、卓球部などが練習をしている片隅で鍛錬に励んだ。

一般的なジャンプシュートからレイアップシュート、スリーポイントシュートをひたすら打ち込む。さらに、バスケットリングの奥の壁にボールをぶつけ、跳ね返ってきたそれをパスと見立てて受け取って、シュートやドライブの動作をあらゆる角度から試す。時間にしておよそ3時間。高校から自宅まで自転車で40分ほどを要し、帰宅するのが夜の10時。そこから夕食を摂り、風呂に入って寝る。それが、渡邉の日常だった。

「ひとりで練習していて寂しいとかはなかったですね。僕は『うまくなりたい』『勝ちたい』と思っているからやっていたわけで、他の人たちはそうじゃないんだなって違和感のほうが強かったんじゃないかな」

だからといって、先輩から疎まれるようなことはなかった。なぜなら、圧倒的なパフォーマンスで1年生からウインターカップを経験するなど結果を残していたからだ。

前向きで、背筋の伸びた後ろ姿というものは必ず誰かが見ている。2年生になると後輩たちも渡邉に倣って自主練習に参加するようになった。3年生となり、蓬莱中の後輩でもある安齋竜三たちが入学してくると、それが福島工にとっての「当たり前」となっていった。

能代カップで田臥と初めて対峙してから、渡邉はさらに名声を高めていた。

9月に開催されたアジアジュニア選手権で日本代表に選ばれ、１９３得点を叩き出して得点王に輝いた。試合になると相手から徹底的にスカウティングされることでよりマークが厳しくなっていたが、「なら、試合でオフェンスのバリエーションを増やしていこう」と柔軟な思考で切り替えられた。相手がドライブを警戒するなら、リバウンドを捕りに行ってそのままゴールを決めよう。普段は仕掛けない場所からドリブルしてみよう——そういった駆け引きのなかでプレーに緩急をつけられるようにもなっていった。

迎えたウインターカップ。渡邉は初戦の広島皆実高等学校戦で47得点をマークすると、準々決勝の福岡大大濠戦では42得点を叩き出した。１９０センチの身長でも難しいとされるダンクシュートを、１８８センチの渡邉が華麗に披露する。人を魅了するプレー。個人技に自信を持っていた福島工の不動のエースはしかし、決勝を前に一抹の不安を抱えていた。それは、田臥とのマッチアップではなく、能代工という王者への、いわば畏怖だった。

「当時、決勝戦ってテレビで全国中継されていたんです。だから、『決勝まできて大差で敗けて、全国に恥をさらしたくない』って、準々決勝あたりから思ってました」

勝利した東北新人大会では脅威を感じなかったが、能代カップでは別のチームだと認識を改めた。そして、ウインターカップ決勝の開始を前にコート中央で対峙した能代工は、自分より年下が中心といってもこの年のインターハイと国体の2冠を成している優勝候補の大本命。王者の風格をまとったチームとなっていた。

スーパー1年生とのマッチアップ。ワン・オン・ワンに絶対的な自信を持つ渡邉が、いきなり仕掛ける。ペイントエリアからのダブルクラッチで先取。守勢に回っても田臥の前に壁を作って足止めする。そして、再び渡邉にボールが渡ると、田臥がカバーするよりも早くボールを上空へと放ってスリーポイントシュートを決める。

それは、渡邉のオーラを間近で受け取った田臥が「外国人選手を相手にしてるような雰囲気だったから、少し調子を崩された」と唸るほどのパフォーマンスだった。試合開始早々に9-0。渡邉を起点とした速攻劇で、福島工が主導権を握った。

「でも僕、敗けると思ってましたから」

渡邉は当然のように言い放った。諦めからではなく、それだけ能代工に隙がなく、常に圧力を感じていたからだった。

福島工が攻勢を強めようとすると、能代工はオールコートのプレスディフェンスに切り替え、前線の畑山と田臥がダブルチームでプレッシャーを与えてきた。福島工は立て続けにボールロストして失点を喫し、流れを相手に与えてしまう。前半が終わってみれば46-57。後半になると体力が落ちスローダウンした福島工を尻目に、能代工にトップスピードで攻守を展開されてしまっていた。

88-111。完敗だった。

「後半のことはよく覚えていなくて」

渡邉はそう言って苦笑するが、決勝戦の大舞台で田臥の31得点を上回る32得点を記録しトップスコアラーとなり、大会でも得点王に輝いた。「大会ナンバーワンプレーヤー」。その称号を福島工の絶対的エースは手にしたのである。

『三冠王の歌』とブーイング

歓喜に沸いた東京体育館が、静けさを取り戻す。

決勝戦が行われていたメインアリーナからサブアリーナへと移動してきた能代工の選手たちが、大きな輪を作っていた。その中心にはこの年に獲得したトロフィーが据えてある。一帯は厳かな雰囲気を放出していた。

チームの声が揃う。奏でるのはまず、能代工の校歌だ。そこから、本格的にバスケットボール部の伝統の儀式が始まる。

〈盤若の丘に　そびえたつ〉

この唄い出しの『能工バスケットボール部の歌』。

〈ああ勝てり　勝てり〉

冒頭から勝者の威厳を表現した『三冠王の歌』は、早稲田大学ラグビー蹴球部が日本一になった時にだけ認められる『荒ぶる』のように、3冠を達成しなければ合唱できない。

忸怩。不甲斐なさ。そんな沈んだ空気からスタートした世代は、最終的にこの栄誉を手にしたのである。チームを束ねたマネージャーの金原が胸を張る。

「試合では下級生中心でしたけど、3冠を勝ち取ったのは『俺たちがいたから、あいつらは結果を出してくれた』って自負はあるんですよね。3年生は勝利に直結した活躍はできなかったかもしれないですけど、後輩たちを育てる一員にはなれたかなと。それだけ、濃い時間を過ごせたから」

高校時代から27年前の偉業に想いを馳せながらも、金原は自嘲気味に締めた。

「でも、弱かったよなぁ。3年生がもっと活躍して勝てていたらもっと自己顕示できたと思うんですよ、『俺らで3冠を獲れた』って」

金原のこんな冗談めいた嘆きを表す、ちょっとした後日譚がある。

11月の東北予選を勝ち抜き、翌97年の新春に開幕するオールジャパンの出場権を高校のチームで唯一獲得していた能代工は、初戦で同志社大に96－69と快勝。田臥が31得点をマークするなど大学生を相手にしても強さを誇示することができた。ところが、この試合を最後に高校3冠達成の原動力となった田臥らスタメンの5人が、全日本ジュニアの合宿で韓国へ渡るため次戦以降の欠場が決まっていたのである。

次の相手はいすゞ自動車。社会人日本リーグ覇者である。

レギュラー不在の能代工からすれば、戦力の差は歴然である。

「マジで最悪だ……」

「どうやったって無理だろ！」

試合前からそんな嘆き節が選手たちの口から発せられる。キャプテンの田中をはじめ船木、沼田の3年生。そして、ベンチメンバーだった齋藤直樹、伊藤到、阿部弘幸ら2年生たちで臨んだ一戦は48－121。胸を借りるどころか惨敗だった。

試合会場の代々木第二体育館は、4000人近くの観衆で埋め尽くされる〝満員札止め〟状態だった。なかには能代工のスタメンがごっそり抜けているとは知らず、田臥たちのプレーを楽しみにしていた者も多かっただろう。それだけに、まるで肩透かしを食ったような試合に失望し、ブーイングを浴びせる客もいたのだという。

「あの試合だけは……本当に嫌だった！」

いすゞ自動車戦を経験した選手たちは、今でも畑山ら〝陰の戦犯〟に対して恨めしそうに試合のことを語るのだというが、それも酒のつまみ、笑い話である。

ふふふふ。吹き出すキャプテンの田中もまた、そのひとりである。

「客席からの声、聞こえてましたから。『せっかく能代工業を観に来たのに、なんで田臥たちがいないんだ！　金返せ!!』って」

（左から）田臥、畑山、金原。学年は異なれど仲良しな1枚。

ウインターカップで得点王になった渡邉拓馬さん。現在は京都ハンナリーズのGM。

1996年8月7日、インターハイ決勝。若月（No.11）ら田臥世代の全国初優勝。

第2章

「必勝不敗」の6冠（1997年）

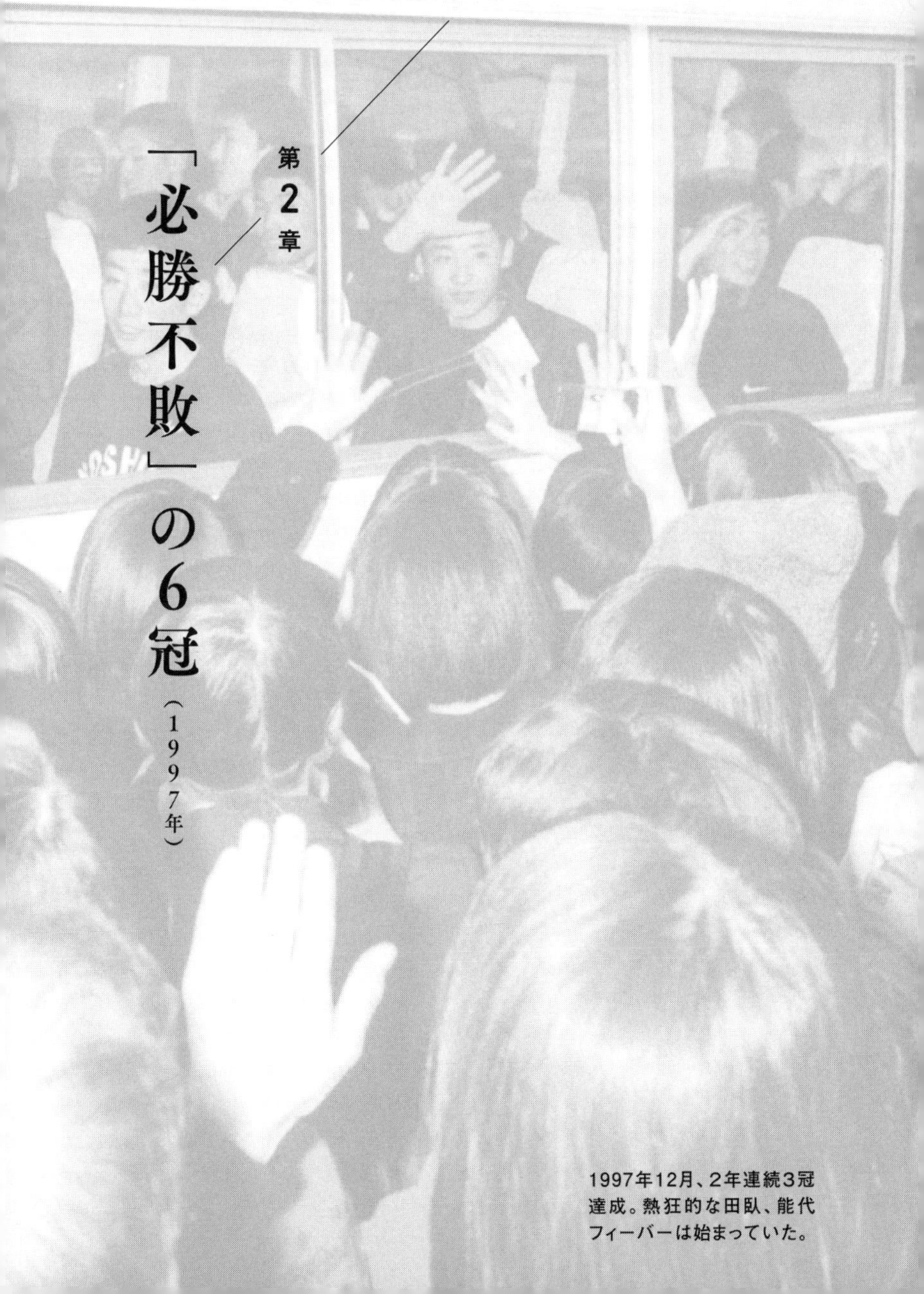

1997年12月、2年連続3冠達成。熱狂的な田臥、能代フィーバーは始まっていた。

「必勝不敗」が至上命令

能代工にとって７度目となる３冠を手にした１９９６年。キャプテンとしてこの世代を率いた田中学は、チームの根幹として息づいていたものを教えてくれた。

「バスケ部でずっと言われている『必勝不敗』って言葉があるんですけど、自分たちはそこにプライドを持ってやっていました」

必勝不敗。

「必ず勝つ」「敗けない」。同義反復のような造語は、能代工バスケットボール部にとって部訓であり、哲学でもある。

新年度を迎える97年４月１日。

練習前に監督の加藤三彦が選手たちを集めて確認する。

「お前たち、今年はわかってるよな？」

選手は大声で「はい！」と答えた。言わずとも、意思は通じ合っていた。

それは、３冠を意味していた。能代工の歴史においてこれほど「必勝不敗」が試された年は、おそらくないはずである。

理由はただひとつ。秋田県の教育委員会に勤務していた前監督の加藤廣志が、能代工の校長として6年ぶりに帰ってきたのだ。任期は1年。この年度を最後に定年退職する廣志に最高の花道を飾らせることは、現役世代にとって至上命令でもあった。

バスケットボール部にとって廣志は、王者の礎を築いてくれた「生きる伝説」だった。能代市が「バスケの街」として現在も生きていられるのは、彼の功績があまりにも大きい。

かつての能代市は、秋田杉の集積地であり「東洋一の木都」として栄えていた。それが、50年代から日本が高度経済成長期に突入すると外国産の木材が大量に輸入されるようになり、活気は少しずつ下降線をたどっていたという。64年の東京オリンピックで体操団体の金メダル獲得に貢献するなど、個人種目を合わせてオリンピックで5個の金メダルを手にした小野喬《たかし》を輩出したこともあり体操競技が盛んではあった。もとからあったスポーツの土壌を固めたのがバスケットボールであり、火付け役となったのが能代工だった。

60年に母校である能代工の監督に就任した廣志のマインドを簡潔に表現するのであれば、情熱のひと言に尽きる。

日本体育大学卒業という共通点以外は縁もゆかりもないなか、インターハイ2連覇中など当時の高校バスケットボール界を牽引していた中央大学杉並高等学校で指揮する野口政勝に電話をかけて合同合宿を実現させたことは、廣志を語る上で欠かせないエピソードだ。能代工伝統のオールコートプレスが誕生したのも、ここが大きな契機となった。

廣志が就任した当初の能代工は小柄な選手ばかりで、中大杉並のような大柄な選手で構成された強豪校が相手となるとゴール下のせめぎ合いや制空権の確保といった正攻法では太刀打ちできなかった。そこで廣志は、「相手がゴールした瞬間から攻め込もう」と攻守の切り替えに勝機を見出したのである。これが、のちに綿々と受け継がれる「平面が高さを制する」――すなわち、小柄な選手でも戦い方によっては大柄な選手に勝てるバスケットボールであり、電光石火の速攻、ゾーンプレス、ルーズボールへの執念、そして、40分間走り抜くバスケットボールの原型となった。

強豪校から教えを請うだけでなく、机上でもバスケットボールを突き詰めた。戦術などが記された書物をあさり、新たな着想を得ては選手たちに嬉々として解説する。その姿が「まるでガキ大将のようだ」といった印象を与えた廣志は、選手たちから陰で「大将」と呼ばれるようになった。それがやがて、能代の人々が親しみを込めて本人に言えるほどの愛称となったとされている。

また廣志は、いち早くマネージャーの重要性にも着目した。

「雑用係ではなくレギュラーの次に実力があるような選手であり、人望も厚くなければならない」とこだわり、選手育成と同じ熱量で「監督の腹心」を育てていった。監督の情熱とチームの地盤固めが、能代工にとって初の日本一となる67年の埼玉国体優勝となって結実したのである。

70年にインターハイと国体の2冠を達成するなど、着々と全国の強豪として知名度を高めていた能代工が初めて3冠を達成したのが75年である。この年は身長１７３センチながら独特のパスセンスにゲームメーク能力、豊富な運動能力を併せ持ち「ＮＢＡの選手のようだ」と観衆を沸かせた小野秀二がいた。翌年も2年連続で3冠を獲得し、80年には加藤三彦がキャプテンだった世代で3度目の3冠を果たしている。

廣志は在任期間中に「必勝不敗」のチームを作り上げた。

インターハイは前人未到の7連覇を含む11回。国体は11回。ウインターカップの前身である選抜は11回。そして、3冠は5回。これほどまでに勝利を積み重ねてしまうと、能代工は世間に「日本一が当たり前のチーム」と体温のない勝利至上主義のようなイメージを与えかねないが、そうはならなかった。なぜなら、廣志はチームと同時に人も育んだからである。

初の3冠の原動力となった小野は社会人チームや日本代表の監督を歴任。1学年下で3冠獲得を経験した内海知秀は、ジャパンエナジー女子（現：ＥＮＥＯＳサンフラワーズ）や女子の日本代表で監督を務めるなど第一線で指導する。さらにその1学年下の鈴木貴美一も、日本リーグ2部にいたアイシン精機（現：シーホース三河）をオールジャパン9回、トップリーグ6回の優勝と、国内屈指の強豪チームへと押し上げ、日本代表監督も務めた。そして、「自分が培ったバスケットボールのノウハウを継承してほしい」と、87年にいすゞ自動車の選手として脂が乗りだそうとしていた加藤を次期監督としてコーチに招き入れ、「常勝」能代工のバトンを繋いだのである。

バスケットボールの経験の有無など関係ない。老若男女が熱を入れられるだけのものが、能代市にある。そんな活気の源を与えてくれたのが廣志だったのである。

だからこそ、97年に目指す3冠には重みがあった。

圧倒的なスピードと正確性

能代工のスタイルのなかでも他を魅了してやまないのが圧倒的なスピードだ。

目まぐるしく展開される攻守のトランジションこそ、チーム作りにおける加藤の身上のひとつである。「正確性がないとスピードも養えないのではないか?」と疑問を抱く者もいるかもしれないが、加藤の見識は逆だ。「スピードを身につけてこそ、正確性も備わる」というのだ。

「チーム作りにおいて、仙台の佐藤久夫先生がそうだったように正確性を高めていきながらチームを完成させていく手法は間違いではないんです。でも僕は、最初から正確性を求めたらスピードが上がらないと思っていた。だから、まだチームがそこまで仕上がってないインターハイだと、うちのスピードについてこれないチームが多かったんですよ」

97年、新チームの始動。体育館に監督の檄が反響する。

「もっと速く!」

「無駄足を踏むな!」

96年と同じスターティングメンバーで臨めるこの年、チームに求められていたのはスピードと同じレベルでの正確性だった。

新キャプテンとなった畑山陽一が自信を覗かせる。

「自分が2年生の時はがむしゃら。3年生の年はとにかく内容を重視されていたんで。速いバスケットをやりながらもターンオーバーを防ぐ、要は『簡単なミスをゼロにしよう』と。そういうところを意識した練習にシフトしていきましたよね」

能代工ではスリーメン、ファイブメンといった、ディフェンスを付けずオフェンスだけでボールを回してシュートまで持ち込む練習メニューがある。

通常ならばドリブルやパス回しなど、その都度プレーを工夫したりするものだが、彼らは「ドリブルをせずパスだけでフィニッシュする」といった制限は当たり前で、「パス3本以内で」のようにより厳しい条件を自分たちに課していった。その間、ボールが床に落ちることは許されない。ファイブメンでは特に連係の質が問われていた。

これらをより速く、正確にするための準備段階として行っていたのが、3人一組や5人一組でボールを使わずにコートでプレーをイメージして動く練習である。メンバー同士の以心伝心を養うとも解釈できる〝エア・バスケットボール〟こそ、実際のプレーの精度を高める上で重要な役割を果たしている。

そして、練習の最後には5対5、つまり紅白戦で終える日が多かったため、彼らはそこでこれらの取り組みをブラッシュアップさせて完成度を高めていった。田臥勇太の代名詞であるノールックパスが驚異的な成功率を誇るのも、このような日頃の積み重ねがあるからである。

ゴール下でパスを受けることが多い若月徹が頷く。

『ここまでなら勇太のパスが来る』というのは、やっぱり、練習でやってるから試合でもできるんですよね。『よくあんなパス捕れるね』って人から言われていたんですけど、私からすれば『いや、普通だから。いつもやってることだから』と」

日々の鍛練によって攻守のトランジションの質を高められ、そして、能代工のお家芸のひとつであるゾーンプレスも強化されていった。

ベーシックな布陣としては、ゴール下からコート中央へ2人、2人、1人と選手を配置する「2-2-1」があるが、能代は「2-3」の陣形を取っていた。

センターの小嶋信哉がゴール下で四角形のエリアを作り、右側で若月が左右をカバーする。その前では田臥が左右で相手の行く手を阻み、逆サイドの菊地勇樹が三角形の領域を担当する。そして、中央の畑山が前後の範囲をケアしながらスティールを狙う。

このゾーンプレスでキーとなるのが菊地である。日本人は右利きが多いため、ボールを持った選手は右側から攻めてくるケースが多い。そこで、190センチとサイズがあり、なおかつ豊富な運動量を誇る元センターの菊地が立ちはだかることでボールを奪うことができたり、相手の攻撃のリズムを止めることができる。また、状況に応じてヘルプに来た畑山とダブルチームで襲い掛かることもできる。仮にドライブを仕掛けられて抜かれたとしても後方には鉄壁の小嶋がいる。ここでシュートを打たれてリバウンドやルーズボールを奪取できれば、すでにオーバーラップしている田臥か若月にダイレクト、もしくは畑山を経由してボールを繋ぐ。相手ディフェンスがスローペースに持ち込もうとすれば、ゴールに対して45度の角度でスタンバイしている菊地に回せばスリーポイントシュートが見込める、という算段だ。

この5人とゾーンプレスの親和性。同じスタメンで臨む97年は、これが格段にレベルアップしていたのである。1年生だった前年にポイントガードからシューティングガードにコンバートしていた田臥も、2年生になると周囲との呼吸を高次元で合わせられるようになっていた。

「2番（シューティングガード）になった当初は、走る位置とかポジショニングっていうのを結構、試行錯誤しながらやっていたんですよ。『菊地との兼ね合いをどうしたらいいか？』とか。そこで、三彦先生が『走ってる途中でボールをもらったらポイントガードのつもりでプレーすればいいじゃないか』みたいに特徴を生かしてくれたことで、1年生から結果を出すことができたというか。2年生になったら、その強みがさらに増したって感じでしたよね。先輩も菊地も若月もパワーアップしていたし、もう『伸び伸びやっていいよ』という感じになっていたんで」

田臥たちは「ルーキートリオ」だった1年生から個性を尊重されてプレーできていた。2年生となり「伸び伸び」を可能とさせてくれたのが、畑山と小嶋だった。

田臥勇太に一番パスをした男

「私、『田臥勇太に一番パスをした男』としてギネス記録に認定されるんじゃないか？って本気で思ってるくらい、田臥に任せっきりで楽しんでましたから」

畑山はウィットに富む表現を用いながら笑い、自らのプレースタイルを解説する。

バスケットボールの原点はマジック・ジョンソンだった。

80年代から90年代にかけて、シカゴ・ブルズのマイケル・ジョーダンとともにＮＢＡで一時代を築いたロサンゼルス・レイカーズのポイントガードの虜になった。バスケ少年の多くがジョーダンのような華麗なダンクに憧れるなか、畑山はノールックパスなどマジックの変幻自在なアシストに魅了されていた。横手市立雄物川《おものがわ》中学校（現：横手市立横手明峰中学校）では、ディフェンスが誰もいない局面でノールックパスをしてチームメートにからかわれるくらい、彼に夢中だった。

中学時代の畑山は全国大会にこそ出場していないが、東北では知られる選手だった。能代工の1学年先輩で中学時代に対戦経験のある金原一弥が、「下の世代で唯一、すごい天才がいると思ったのが畑山だったんですよ」と唸っていたほどである。

秋田県の南部に位置する横手市出身の畑山にとって、地元の能代工は慣れ親しんだチームだった。なかでも、91年に3冠王となったチームで中心だった小納真樹と真良のツインズのプレーに憧れの眼差しを送っていたくらいだ。それでも、最初はその名門ではなく「他の高校に行って、能代工業を倒したい」と考えていたという。

そんな野望から一転、能代工へ進学することに切り替えたのは、監督の加藤から声をかけてもらったからであり、横手市と同じ県南地区で小学生時代のミニバスケットボールチームから面識のある小嶋と阿部弘幸と一緒にプレーできる楽しみがあったからだった。なにより、89年の2冠の中心選手である長谷川誠やその1学年下の遠藤隆博、93年の鈴木浩平、95年の半田圭史と、雄物川中出身で能代工でも実績を残した先輩たちの系譜をたどれることにも喜びを感じていた。

1年生の能代カップから早々にメンバー入りを果たした畑山には、大きな武器があった。

まずは性格だ。体育館のステージで先輩を前にして歌を披露できる度胸。ミスをしてもめげない前向きな姿勢があった。同学年のマネージャー、西條佑治が称える。

「行動が常にポジティブでしたから。あいつがいると周りが自然と盛り上がれるみたいな感じだったんで。あとは持ってましたね。とてつもなく勝負強かった」

そのことを物語る試合に、95年の福岡市立福岡商業高等学校（現・福岡市立福翔高等学校）とのインターハイ決勝がある。

前半を終えて15点差と劣勢で迎えた後半。小嶋に代わって畑山が出場すると、オールコートのプレスから素早いパス回しでの速攻と、能代工の「平面が高さを制する」バスケが奏功する。さらに、監督の指示もあり失敗しても果敢にスリーポイントシュートを放ち、1点差に迫るゴールを決めた。残り約5分の場面では、スリーポイントラインのトップの位置から相手に厳しいマークをされながらもエースの高橋尚毅にボールを回し、逆転のアシストを演じた。畑山は「先生から怒られようと打ってただけだったり、それがたまたまいい方向になっただけで」と謙遜するが、チームの流れを変える存在となったことは確かだった。

2年生となり、シューティングガードからポイントガードにコンバートしてからは卓越したゲームメーク能力が開花した。「チームの歯車が壊れないように」と冷静に周りを見渡す。攻撃の起点として田臥にボールを入れることが多かったが、流れが悪いと感じれば菊地を経由することもあれば、ゴール下まで走る小嶋や若月に配球することもあった。

「自分、基本的にコートの中央付近でしか動いてなかったですから」

畑山は自嘲気味に語るが、それは多彩なバリエーションのパスを有しているからだった。

菊地が「自分がポジショニングさえしっかりしていれば、『はい、打ってください』みたいないいパスが胸元にくるんです」と信頼するほど正確であり、畑山自身もパスを受け取ると即座に他の選手に流すといった瞬間的な判断力と視野の広さもあった。とりわけ、平泳ぎのように両腕を掻き出してボールを遠くへ飛ばす、コートの端から端まで通さんばかりのチェストパスは圧巻だった。

これも、田臥のノールックパスのように日頃の修練の賜物だった。

「自分で言うのもなんですけど、簡単なバスケをやっていたと思うんですよ。『この距離をドリブルするのと、パスを出すのとではどっちが速いか?』って考えた時に、パス1本のほうが効率的だっただけで。練習から『田臥と菊地はこのスピードで走れるから、あのあたりに通せばいい』とか。ロングパスにしても、小嶋と若月は後ろを見ながら長い距離を走るから不利ではあるんですけど、ある程度、遠くに速く投げても追いつくのがわかってたんで」

能代工には毎年、「バスケットボール部の魂を体現する選手が必ずいる」と言われている。97年はそれが畑山だった。

ひと言で評するなら、それは泥臭さだ。

巧みなゲームメークや、魔法の如く供給される鮮やかなパスよりも、ルーズボールをものにするために執念を燃やす。オールコートのプレスでは、自分より長身の選手であっても全身を目一杯、伸ばしてファウルギリギリまでコンタクトしながらターンオーバーを誘発する。

自身も現役時代にポイントガードだった加藤は、畑山や田臥だけでなくチームに口酸っぱくこう植え付けていたのだという。

「リードガードがダメなら敗ける。でも、うちのガードはどこにも敗けない」

畑山はチームから全幅の信頼を置かれるポイントガードだったわけである。

アメリカ仕込みのビッグマンドリル

「僕は本当に、畑山は素晴らしいガードだと思っていたんで。ああいうバスケＩＱが高いガードと一緒にやれたことで、プレーの楽しさ、奥深さを知れましたよね」

素早い攻守の切り替え。全長28メートルのバスケットコートをひたすら往復する過酷なポジションであるためプレーの無駄を省くことを心掛けていたセンターの小嶋にとって、ポイントガードの畑山はまさしく以心伝心の相棒となっていた。

アスリートのなかには「どの競技を選んでも才覚を発揮していただろう」と言われる人間がいる。小嶋はそんな選手だった。

畑山と同じ県南地区の湯沢市で育った小嶋は、湯沢市立須川中学校（現：湯沢市立湯沢南中学校）時代にポジション関係なく「自分がほとんど点を取っていた」と言えるほどチームの大黒柱だった。この頃から日本代表やＮＢＡの選手のプレーを参考にしていく過程で、「トップの選手は明らかに体つきが違う」とウエートトレーニングに目覚めた。中学の全校生徒が少なかったこともあり、バレーボールや陸上の大会にも駆り出されることが多く、３種競技（走り幅跳び・走り高跳び・砲丸投げ）では県で１位となった実績もある。

しかし、本業のバスケットボールでは県の新人戦での準優勝が最高成績で、目立った結果を残してはいなかった。能代工への憧れはあったが「行けるわけがない」と受験する高校を模索していた矢先、地元のスポーツ用品店で面識のある畑山と偶然出くわし、「横手工業に行くか？」と漠然とではあるが約束を取りつけていたほどだった。

そんな折、能代工への勧誘が舞い込んできた。監督の加藤と直接会うこととなり指定された場所へ向かうと、そこには同じ地区の雄物川中の畑山と羽後町立高瀬中学校（現：羽後町立羽後中学校）の阿部がいた。「こいつらと一緒ならやれるかもしれない」と、小嶋は能代工での挑戦を決意した。

小嶋が名門に入れた理由のひとつに体の強さがあった。この時点でベンチプレスを１００キロ近く上げられるほど、１年生では体格とパワーが突出していた。入学直後のある日、ウエートトレーニングをしていると陸上部の監督がトレーニングルームに訪れ、「お前を獲りたかったのに」と嘆かれたほどの身体能力は誰もが認めるところで、試合では畑山より先に小嶋がスタメンで出場していたくらいだ。

１年生の間は守備とともに得点も求められるスモールフォワードが主戦場だったが、小嶋はセンターポジションのトレーニングにも注力していた。２年生から本格的にゴール下の番人になるにあたって活きることとなった練習メニューに「ビッグマンドリル」がある。

89年の長谷川と同期で、マネージャーだった加藤康洋が導入したメニューだった。

康洋は能代工を卒業後にＮＢＡのコーチになる夢を追ってネバダ州立大学に進学。ここで学んだノウハウを集約したのがビッグマンドリルだ。そこには、ディフェンス時の姿勢や動きなどの基礎をはじめ様々なメニューが用意されていた。１年生だった95年のインターハイ前、日本に一時帰国した康洋からチームに授けられ、小嶋はひたすらこなした。

なかでも目からウロコの練習が、リバウンド技術を高めるメニューだった。

フリースローラインの両端に設置したボードにボールを当て、跳ね返ってきたボールをしっかりと抱え込んでから反対側のボードに当ててキャッチする。これを交互に、リズミカルにこなすことで、ゴール下のせめぎ合いでリングに嫌われたボールを効率よく捕ることができるようになった。

「片手でボールを捌けたり、勢いを殺して自分のところに素早く引き寄せられるようになったり。リバウンドの全てが詰まっていたなって思います」

ビッグマンドリルは幅広く応用できた。ゴール下の競り合いでのポジショニングもそのひとつだ。小嶋が左側でセンターやフォワードのマークについていたとすれば、相手ガードは逆側からパスを入れようとする。ここで、本来ならばスライドステップで移動してボールをカットしに行くところ、能代工の選手は右足をコンパスのように旋回させるため無駄な動きが省略されるし、何よりスピーディに守備が展開されるわけである。

　ここで疑問が生じる。

　選手が密集しているゴール下で、それだけ動けるスペースがあるのか？　小嶋にそう水を向けると、「ですよね」と頷きながらカラクリを説明する。

「そこは駆け引きなんです。『パスが来るだろうな』と思ったら、すぐにターンできる分だけのスペースを確保しておけばいいんです。そういうスキルも、ビッグマンドリルをやったおかげで応用が利かせられるようになったんです」

　確かにそうだ。２年生だった96年のインターハイ準決勝。福岡大大濠の２０５センチの大型センターである三苫佑介にも小嶋は競り負けることはなかった。５センチの身長差でも「命取り」と言われるポストプレーにおいて、１９０センチの自分よりも10センチ以上も高い相手とも対等に渡り合えたのは、ビッグマンドリルというバックボーンがあったからだった。

　小嶋に守護神としての礎を築かせるなど能代工の地盤強化をアシストした康洋は、大学卒業後もアルバイトなどで生計を立て、97年に1年限りであったもののシアトル・スーパーソニックスのアシスタントコーチ研修生という立場でチームに帯同する念願が叶ったという。

最強のBチームとの公式戦決勝

高校３年でベンチプレスを１３０キロまで持ち上げられるようになった小嶋が、丸太のような腕でリバウンドを制する。相棒の捕球姿勢を冷静に見極めている畑山がボールを受け取ると、すぐに前を向き状況を捉える。田臥のあの走路と場所でパスは届くか？　菊地もポジションを確保できそうだ。矢のような鋭いパスが放たれる。畑山が選択したのは田臥だ。ビッグマンに囲まれても問題ない。その目はゴールに照準を合わせていても、手は傍らにいる若月に向けられている。伝家の宝刀、ノールックパス。電光石火の速攻だ。主導権はやはり、能代工が握っている――。

試合ではそんな光景が当たり前となっていた。

5月のゴールデンウィークに開催された恒例の能代カップでも、能代工は5試合中３試合で１００点ゲームと相手を圧倒し、全勝で2年連続優勝を決めた。もう、「優勝しないほうがインターハイで勝てる」といったジンクスを信じる市民はいない。

盤石の常勝軍団。そこには慢心も不遜もない。

この大会からメンバー入りを果たしていた1年生の堀里也《さとや》は、強者たちの根っこに触れ驚嘆の色を隠せなかったという。

「畑山さんって多分、1、2年生に自主練の時間を確保させてくれるため1時間とか1時間半くらいで帰ってたんです。そんな短い時間でも、スリーポイントを300イン（成功）とかノルマをこなしてましたからね。集中力すごいなって。小嶋さんは小嶋さんで、ひたすらウエートやってましたから。『そりゃあ、ダビデ像みたいな肉体になるし、他の選手じゃリバウンド捕れないよな』って」

それが、能代工にとっての「当たり前」でもあった。

やらなければ、今を超えなければ勝てないし、ポジションを奪われるかもしれない――その飢餓感、危機感が、彼らをどこまでも貪欲にさせるのである。

畑山は、その気概が前年よりも増したのだと話す。

「『絶対に勝ちたい』とか『とにかく数をこなそう』っていうのは、前の年までだったような気がします。若月なら、リバウンドを1本でも多く捕るために相手ディフェンダーにポンって体を当てて、体勢を崩させてから飛んだり工夫するようになっていたし、菊地もシュート成功率を高めるために本数もそうだし、打つ場所を変えたりしていた気がします。田臥はもう、何をやらせてもできるヤツなんですけど、それでもオフェンスのバリエーションを増やそうとしていたんじゃないですかね。とにかく、一人ひとりの意識っていうのは明らかに変わっていたと思います」

自主練習中は誰もが集中して課題克服やスキル向上に努めるが、始終、緊張の糸が張り詰めていたわけではない。

「欽ちゃんの！　仮装～大賞～!!」

突然、体育館のステージが騒がしくなる。一般人が趣向を凝らした仮装をして優勝を目指す、当時の人気番組のパロディを催すのは、名コメディアンの萩本欽一こと〝欽ちゃん〟ではなく〝純ちゃん〟だった。

司会役のコールに合わせ、陽気なキャラクターである畑山と伊藤到もステージ上で相乗りする。ショーのはじまり。こうなったら田臥だろうと誰であろうと関係ない。3年生たちのむちゃぶりに付き合わされ、場は一気に盛り上がる。

「そんなこともありましたね。自分たちへのプレッシャーが半端じゃないチームなんで、『学校生活がちょっとでも楽しいと思ってもらえれば』ということで、そういうところも頑張っていたかもしれないですね」

笑いながら相槌を打つ〝純ちゃん〟こと田仲純は、1年生の時から3年生の前で一発芸を披露するほどノリのよさがある生粋のムードメーカーだ。

少年時代から人を笑わせるのが好きだった田仲ではあるが、バスケットボールには本気だった。五城目《ごじょうめ》町立五城目第一中学校でキャプテンを務め、「日本一になりたい」と進学が決まっていた高校を蹴ってまで誘いがなかった能代工での挑戦にこだわり、親と口論してでも説得して念願を叶えたほどの芯の強さがあった。

そんな田仲にとって、大きな転機は2年生の時だった。

練習中のダッシュで気を失い、病院で検査をすると「ヘモグロビンが成人男性の半分以下」と、医師から伝えられた。この数値が低いと貧血を起こしやすく、つまり「スポーツに適した身体ではない」と宣告されたようなものだった。

後日、監督の加藤に診断結果を報告するとマネージャーを勧められたが、田仲は固辞した。親に啖呵を切ってまで能代に来た以上は「プレーヤーとして終えたい」という感情が先行していたからだ。それが、次第に「自分にやれることがあるんじゃないか？」と意志が傾き始め、同じタイミングでＡチームの次期マネージャーになることが決まりつつあった西條とともに「チームを支えよう」と、Ｂチームのマネージャーとして第2のスタートを切った。

Ｂチームとはいえ、その重責は計り知れない。

能代工は練習や紅白戦のなかで頻繁にＡチームとＢチームの入れ替えがある。その際、加藤から「ガードで誰かいい選手はいない？」と聞かれたらすぐに推挙できるよう、常に選手のコンディションを把握しておかなければならないし、監督のお眼鏡に適うよう鍛えておかなければならない。したがって田仲は、プロ野球で言う「二軍監督」のような立場だったのである。

二軍監督であるＢチームのマネージャーには、野望がある。

打倒Ａチーム――。

これだけは絶対に譲れないと、田仲の矜持が打ち出されていた。

「能代工業は本当に競争が激しくて。本来ならＡチームで活躍して全国に顔をバンバン売れるくらいの選手がＢチームにもたくさんいました。けど、やっぱり入れ替え戦だったり、そういう一発勝負で力を発揮できなくて悔しい想いをしているヤツらの集まりだったんで。だから、監督が見ていようといまいと『Aチームを倒すんだ！』って気合いを入れてましたね」

Bチームが唯一、公式戦でAチームと対戦できる可能性があったのが、7月上旬に開催される国体メンバーの選出を兼ねた県民体育大会である。

この大会でBチームは、決勝まで勝ち上がった。

1年生の時から休日でも夜遅くまでひとり体育館に残ってシュート練習に励んでいた石井紀代美。小納ツインズや前キャプテンの田中学を輩出した琴丘中で全中出場経験のある近藤洋介。Aチームにいても遜色のないメンツが、野心むき出しで襲いかかる。

Bチームの圧力にAチームが怯む。キャプテンの畑山の証言だ。

「『Aにひと泡吹かせてやろう！』って気迫がすごく伝わってきましたね。しかも、普段からずっと一緒に練習してきているんで、プレーの傾向とかこっちの癖も分かっていたりするから一番やりづらかったです」

結果は78－140。ダブルスコアに近い大差での完敗だった。しかし、田仲の心は澄んでいた。やり切った。純粋にそう思えたからである。

「試合ではAよりもBのほうが伸び伸びやっていましたし、内容は甲乙つけがたかったはずです。本当にシュートが入るか、入らないかくらいの差というか。それが実力と言えばそうなんでしょうけど、満足でしたね。『Aを倒す！』ってみんなでやってきたことが、コート上で出せたんで」

1学年およそ15人のうち、その大半を占める10人前後がユニフォームを着ることができない。彼らはＡチームのメンバーになれないことを嘆くのではなく、倒すことで自己証明を果たそうと情熱を燃やす。97年のＢチームは、「9冠の時代」で唯一、公式戦、しかも決勝でＡチームと戦ったという、深い足跡を残した。

伝統的にそんな男たちが作り上げている集団だからこそ、加藤は常日頃から口酸っぱくＡチームの選手たちに強く説くのである。

「いいか。お前たちＡチームが日本一になることで、Ｂチームは日本で二番目のチームになれるんだぞ。だから、あいつらの想いも背負って戦わないといけないんだ」

全日本レベルのＯＢ戦

自分たちを熟知する身内はまだいる。彼らは決まって、夏に来訪する。毎年恒例でもあるその行事は、チームにとって〝地獄〟でもあった。

インターハイを間近に控えた7月。夏休みを利用して帰省した大学生のＯＢとひたすら試合をするのである。朝から夕方にかけて1日に5試合ほど。その間、まともな休憩など用意されてはいない。試合が終わり監督の加藤からダメ出しをされ、また試合。さらに課題を提示され、また試合……その繰り返し。期間にしておよそ1週間、選手たちはこってりと絞られる。

しかも97年は、大学生だけでなく実業団のＯＢも駆け付け、レベルが格段に上がった。全日本選手でもある松下電器の長谷川など日本バスケットボール界のトップクラスの選手たちが集結するとなれば、さすがの「最強」たちも手のひらでもてあそばれるように翻弄されてしまう。

当時、2年生だった菊地は、今でもため息をつきながら拒否反応を示すくらいだ。

「もう、本当に嫌で……。実業団もＯＢだけじゃないんです。それぞれのチームメートとか連れて来ちゃうので、もう全日本みたいなもんですよ。そもそもの実力差が段違いなところ、相手は能代工業を知り尽くしてるじゃないですか。ゾーンプレスのどこを攻めれば崩せる、とか。田臥ですらドリブルで抜けなかったり、パスを通せなかったりしたくらいですからね。それで、三彦先生に怒鳴られるわけです」

その点、地獄を過去2年間経験している3年生はまだ冷静だった。「きついはきついんですよ」。小嶋はそう前置きしてから、3回目のＯＢ戦の意義をこう噛みしめる。

「実業団の超うまい選手とやると自分たちのことがよく見えたというか。いくら高校生のなかで『強い』と言われていても、やっぱりＯＢたちと比べると動きはガチャガチャしているし、テンポも悪かったり、未熟な部分を痛感させられるんです。スポーツってよく、『相手に合わせるな』って言われるじゃないですか。本当にそうだなって。自分たちは自分たちで1年間、同じスタイルで結果を出してきたんで、それを極めていくだけで。だから『相手がどこであろうとやることは変わんねぇ』という感じでした」

ＯＢ戦の終結。荒波が過ぎ去ると、選手たちの意識は明らかに変わっていた。

前年はインターハイの対戦相手が決まると、マッチアップする選手を予想しながら「あの先輩の時みたいに対応すればいい」といったシミュレーションをして試合に臨んでいたが、この年はそういった仮想選手を立てることはなかった。

「自分たちのバスケをちゃんとやれば、絶対に敗けない」

これが、97年の能代工にとって不変の共通認識となっていた。

裏付けられる絶対的な自信。キャプテンの畑山の言葉が、王者のプライドを示していた。

「勝ちはもう、絶対。求められていたのは試合の内容でした」

「第3の戦力」応援団と制したインターハイ

コートの中央でポイントガードの畑山がゆったりとボールを突いている。

相手が「いったんゲームを落ち着かせているんだろうな」と隙を見せた瞬間、矢のようなパスが田臥や菊地に通り得点を演出する。

疾風の如き速攻。それは、能代工不変のオフェンスであるが、同じメンバーで2年目を迎えるこの年は、そのスタイルがより洗練されていた。

コートサイドでスコアブックを付けながら戦況を見守っていた西條が唸る。

「今、当時の映像を見返すと『すごく緩急があるな』と思うんですよ。『ここは畳みかける』『ここは抜いたほうがいい』のような意思が浸透していたというか。それをコントロールしていたのが畑山なんですね。あいつがコートでどっしりと構えて、慌てずにプレーしていることで省エネできていた部分もあったと思うんですよ。『そりゃあ、40分走り続けても疲れないよな』って試合運びをしていたんですよね」

97年の初タイトルを懸けた京都インターハイで、能代工と互角に渡り合える敵はいなかった。初戦で香川県立高松商業高等学校を１２９－51。３回戦は金沢市立工業高等学校を１２５－61。準々決勝では市立船橋を95－51。準決勝では山形南高等学校を１０４－88と、ほぼ１００点ゲームで順当に勝ち上がっていた。決勝の洛南戦も同じ光景がコートに映し出される。

試合開始を告げるジャンプボール、ティップオフと同時に能代工が攻勢に出る。２分30秒の時点で７－０。相手のスリーポイントシュートで3点を返されるも、すぐに加点して11－３。洛南ベンチがたまらずタイムアウトを取るが、能代工の勢いは止まらない。

軽快なラッパ音が会場に響く。モデルガンに用いるＢＢ弾を1・5リットルのペットボトルに詰め込んだ、マラカスのようなオリジナルの体鳴楽器をリズミカルに揺らす。

「い〜〜〜っぽん！」

応援団長の合図によって、スタンドの声が加速する。

「いっぽん！　いっぽん！　いっぽん！　いっぽん！」

パパパッとラッパ音が鳴ると、もう一段階ボルテージを高める合図となる。

「いっぽん！　いっぽん！　いっぽん！　いっぽん！」

オフェンス時に「シュートを1本決めろ」の意味を込めた、能代工伝統の掛け声である。応援団を仕切るのは、Bチームのマネージャーでもある田仲だ。

試合でも手腕を発揮するチームきってのムードメーカーは、1年時から3年の応援団長兼Bチームのマネージャーだった岡田純の付き人を担当していたこともあり、能代工にとって応援も戦力であることを教わっていた。

田仲が脳裏に焼き付けている試合があった。

1年生だった95年、福岡商とのインターハイ決勝だ。後半に15点差を撥ね返して逆転優勝を飾ったあのシーンは、応援団長としての「原点」でもあるのだと田仲が想いを巡らせる。

「応援席から見ていて勝つなんて考えられなかったんですけど、逆転していくまでのあの応援っていうのはもう、一体感がすごくて。優勝してみんな涙していたんですよ。それくらい、応援も試合に入り込んでいたんだなって」

この時はまだプレーヤーとして生きていたが、田仲の明るさを知る岡田からは「3年になったらお前が団長だからな」と想いを託されていた。貧血を起こしやすい体質だったこともあるが、田仲は結果的に先輩の意志を受け継ぐこととなったわけである。

試合になれば応援団は、スタメン、控えに次ぐ「第3の戦力」となる。

オフェンスと同様、ディフェンスでも後押しは変わらない。

攻守のトランジションが速い能代工に対し、相手チームは少しでもスローペースに持ち込もうとしてくる。その様子を察知すると、田仲はメガホンを使って大声で切り出す。

「ディ〜〜〜フェンス」

相手のペースに合わせるのはこの時だけだ。ここから、徐々にテンポを上げて能代工のペースへと引きずり込んでいく。

「ディ〜〜〜フェンス、ディ〜〜〜フェンス、ディ〜フェンス！　ディフェンス!!」

応援団とプレーする選手の波長がリンクする。スピードを上げたプレスでボールを奪えば、スタンドはすぐさま「いっぽん！　いっぽん！　いっぽん！　いっぽん！」のオフェンス仕様の応援に切り替える。そうやって、能代工は相手を飲み込んでいくのだ。

同時に田仲は、コートサイドで指示を出す監督の言葉にも耳を傾け、仕草も注視する。

加藤が「今だ！」「勝負だ！」と叫ぶ。そうなるとコートの選手たちもスイッチが入るため、応援団も彼らに合わせて一段と会場を盛り上げる。一転、タイムアウト中に「これだけは絶対に伝えなければいけない」と意思表示するようにサッと手を挙げることがある。それは応援団に向かって「静かにしよう」というサインであり、彼らは応援をピタッと止める。

「一生懸命に応援してるんですけど、周りをしっかりと確認していたり、冷静な部分はあったと思います。ちゃんとやらないと監督に怒られるんで。応援も能代工業の伝統ですからね、いろんなことを徹底してやっていました」

コートに立つ選ばれし5人は、応援団の想いも背負ってプレーする。

「あいつらを日本で2番目のチームにする」

これもまた、彼らにとって「必勝不敗」の大きく、十分すぎる理由でもあった。

インターハイの決勝戦。洛南を前半だけで62-26と突き放した能代工は、後半も手を緩めることなく猛攻を仕掛けた。120-58。完勝でこの年の1冠目を手にした。

安里幸男の沖縄を圧倒した2冠

「帰れ！」

大阪国体の初戦で千葉に97-64で快勝し、試合後にチームのスケジュール確認のため監督の下へ向かったマネージャーの西條は、開口一番、加藤に怒鳴られた。自分の後ろでその様子を見ながら怪訝そうにしている畑山たちに、「こっちは大丈夫だから、早くバスに乗れ」と機械的に促した。

平静を装っていたつもりでも、実際はひどく狼狽していた。

瞬時に頭の中で時計の針を巻き戻して自分の行いを省みても、きっと怒られるような落ち度はなかったはずだ。しかし、ホテルに到着後も加藤の機嫌が直っている様子はなく「早く飛行機に乗って秋田に帰れ！」と、また怒鳴られる。結局、理由もわからずに、ただ「わりっす、わりっす」と頭を下げるしかなかった。平身低頭する自分に「西條、わりぃ」と、キャプテンの畑山が手を合わせてくれたのが、その場で唯一の救いだった。

ちょっとした騒動が終息すると、西條は部長の安保敏明に声をかけられた。

「三彦先生は大会中の今は選手を刺激できないから。だから、マネージャーを怒ることによってチームの気を引き締めさせようとしているんだと思うよ」

そう諭された西條は、安保から現実を再認識させられた。

「次の相手は、どこだ？」

「沖縄です」

能代工にとって難敵だった。沖縄というより、チームを率いる安里《あさと》幸男こそ、最も警戒すべき厄介な相手だった。

安里と能代工の縁は、長くて深い。

76年2月。バスケットボールの指導者を目指していた中京大学4年生の安里は、「卒業して沖縄に帰る前に日本一のチームを見学しておきたい」とアポイントメントなく能代工を訪問した。前年に小野を中心としたチームで初の3冠を達成したこともあり当時の能代工の完成度は高く、安里はポイントガードとゾーンプレスの勉強を主目的としていた。

体育館の扉を開くと、そんな思惑は一気に吹っ飛んだ。

「猛然と練習していた選手たちがピタッと動きを止めて、挨拶してくれたの。冬の秋田でしょ。冷凍庫のように寒いのに選手たちが頭と肩あたりから湯気を出していてね。集団がひとつの大きな眼に見えたんですよ。その瞬間にポイントガードの育成法やゾーンプレスの築き方を教えてもらおうって気持ちが消えた。プレーヤーのハートに火をつける、やる気に満ち溢れたチームを作ることが一番だなって感じ取りました」

その日、安里は能代工の当時の監督である廣志の家に泊めてもらった。そこで、マネージャーの重要性やチームにまつわるエピソードをたくさん聞かされた。ひと晩の時間があったにもかかわらず、自分が知りたかったポイントガードの育成法とゾーンプレスの築き方を聞くわけでもなく、ただ頷くだけだった青年は、廣志に「意欲的に質問しなくていいのか？　こんなおとなしい人間にコーチが務まるのだろうか？」と心配されたほどだったという。

しかし安里は、しっかりと廣志の、能代工の熱量を吸収して故郷へ帰った。

大学卒業後に臨時コーチとして赴任したのは、「やんばる」と呼ばれる沖縄北部の山林地帯にある無名の沖縄県立辺土名《へんとな》高等学校だった。沖縄にとっての「本土」である本州の選手より、平均身長は格段に低く１６０センチ台が当たり前だった。

そんなチームに、安里がパッションを注ぎ込む。

小さくても勝てる――そう、能代工が体現する「平面が高さを制する」バスケットボールを植え付ける。78年の山形インターハイ。初出場した辺土名は3位と快進撃を披露し、旋風を巻き起こしたのである。この大会での能代工は、３回戦で名古屋電気高等学校（現：愛知工業大学名電高等学校）に70‐100で敗れていた。安里は結果で恩人に報いたのだった。

「受けた恩というのはコートで返したかった。まず、インターハイに出られたことが加藤（廣志）先生への恩返しにはなりましたけど、そこでも立派に戦いたかった。そういう想いの強さが3位という結果に繋がったんだと思います」

沖縄県立豊見城南高等学校を経て赴任した沖縄県立北谷高等学校でも、91年の静岡インターハイで3位と辺土名に続いて躍進を印象付けた。そして、この時すでに全国区の監督となっていた安里が能代工に初めて土をつけたのが、95年の福島国体である。

沖縄選抜を率いる安里は、能代工の単独チームとして結成された秋田を徹底的に分析した。ポイントガードの半田圭史や得点源であるエースの高橋尚毅らのプレースタイルを読み、チームの合同練習では「仮想・能代工」の紅白戦に時間を費やした。そして、本番では初戦でまみえ77‐51で秋田を退けたのである。あまりにも「打倒・能代工」に執念を燃やしていたため、試合後に報道陣から次戦の相手について聞かれた安里は「どこでしたっけ?」と逆質問してしまう一幕があったという。秋田戦で力を出し切った沖縄は、次の大阪との試合であっさりと姿を消したのだった。

この福島国体でメンバーとして苦い経験を味わっている畑山は、2年ぶりに国体で相対する難敵に苦手意識を抱いていた。

「1年のとき敗けてたんで、あの時の試合がフラッシュバックするというか、なんか変に意識していましたよね。『やりにくいなぁ』みたいな感情が自然と芽生えたというか。沖縄が嫌なんじゃなくて、安里先生が嫌だった印象がありますね」

とはいえ、この年の能代工には動揺をも打ち消せるほどのバスケットボールが確立されていた。

ポイントガードの畑山から田臥や菊地にボールが供給されるのは相手も想定済みだとして、ふたりが執拗にマークされれば畑山自らスリーポイントシュートを放つ。そこも警戒されれば、今度はゴール下の小嶋や若月にパスを出しやすくなる。

加えて、能代工は控え選手にも厚みがあった。この段階では「まだまだ水物」と自覚していたシューターの菊地が積極的にスリーポイントシュートを打ち続けられたのは、齋藤直樹という頼れるリザーブがいたからだった。ガードの伊藤、センターの阿部と他にも脇をしっかり固めてくれる3年生がいたことで田臥と若月もミスを恐れずプレーできた。

コートで示す絶対的自信。相手がいくら苦手意識のある安里率いる沖縄であっても同じである。

１０２-70。スコアが何より物語っていた。

試合後、マネージャーの西條は少し緊張していた。また怒鳴られるんじゃないか――そんな恐怖を抱きながら監督に今後のスケジュールを確認しに行くと、ひと言で終わった。

「あとは全部、お前に任せるから」

能代工は大阪国体を完全に掌握した。

準決勝で宮城に96-67と快勝。東京との決勝も圧巻のバスケットボールだった。

相手は能代工のゾーンプレスを打破するべく、センターやフォワードにダイレクトでパスを出してゴールを狙う戦法に打って出るが、これこそが思う壺。センターの小嶋は相手にシュートを打たせまいと体を密着させる。そうなると、パスかドリブルかしか選択肢がなくなり、そこで畑山と田臥が足元でのスティールやターンオーバーを狙っているわけだ。彼らはガードに比べてセンターやフォワードが器用ではないことを知っているため、あえてパスを出させていたのである。

なぜ？　疑念を抱く余地すら与えない速攻劇で点差が離れていく。相手からすれば状況を理解できないまま戦意を削がれていくのである。105-80。能代工は順当に2冠を達成した。

真っ赤な上半身のマネージャー

3冠を目指すウインターカップの初戦前夜。ミーティングをしていた能代工の宿舎の大部屋では、いつもの儀式が行われていた。

「能工バスケット〜！」

今回のターゲットは堀などの1年生がメインだったが、ひとりだけイレギュラーがいた。

2年生の菊地と若月が嬉しそうに、露わになった上半身をバチバチ叩く。

「やめろ！　やめろよぉ！」

拒否反応を示すが「そんなのダメだべぇ」と取り付く島がない。1年生の扇田正博を盾にしようとするが無駄だった。

マネージャーの西條の上半身は、真っ赤に変色していた。

「やられましたね。めっちゃ叩かれましたよ。今までの自分は見ている側だったり、叩く側だったんですけど、あれほど痛いとは……」

西條が懐かしそうに回想する。そこにネガティブな要素はない。高校生だから場のノリもあったのだろうが、きっとそれだけではない。選手だけの儀式に西條を巻き込んだのは、それだけメンバーがマネージャーに感謝していたからだった。

キャプテンの畑山がしみじみと言葉を編む。

「西條、プレーさせたらやばいですからね。能代工業のマネージャーってプレーヤー以上にバスケを知ってて、三彦先生がいなくてもチームを見られるヤツしかなれないから、自分らも『お前じゃないとダメだ』ってお願いしたわけですけど、本当にあいつでよかったなって」

中学時代は、その畑山よりも実績のあった選手が西條だった。

群馬県の桐生市立桜木中学校でのポジションは主にスモールフォワードだったが、攻守でチームの柱だった。３年時には全中に出場して得点ランキングでも上位に食い込むほどインパクトを与えた。能代工へ進んだのは、２学年上でマネージャーを務めた近江谷淳一の親戚が群馬にいた関係で知り合うこととなり、練習会に参加したところ監督の加藤に誘われたからだった。

畑山や伊藤、齋藤ら秋田県内の実力者たちに危機感を覚えながらも、２年生になる直前の新人戦まではスタメンに抜擢され畑山とコンビを組むこともあった。プレーヤーとしての道は開けていた西條がマネージャーを打診されたのは、そこから間もない3月だった。

この年からバスケットボール部の部長として赴任してきた安保に呼び出される。

「マネージャーをやってみる気はないか?」

「そういうつもりで県外から能代に来たわけではないんで」

反射的にすぐ断った。西條の他には齋藤、石井、近藤と、Aチームでも十分に通用する実力を有した選手が候補だったが、全員が「嫌です」と固辞した。なかには「どうしてもやらないといけないのなら辞めます」と、徹底抗戦した者もいたという。

西條が違和感を抱き始めたのは、担任教師から「マネージャー、やるんだって?」と言われてからだ。怪訝に思っていると、今度は下宿の女将も同じようなことを自分に聞いてくる。はては街の商店の店員にまでそんな話が行き届いている。そのうち、2年生ながら大会ではサポートメンバーとして帯同することとなり、本来、1学年上のマネージャーである金原がやるような業務も任せられるようになった。

「これはもう、三彦先生が自分にマネージャーをやらせるために徹底して根回しをしているんだなって思いましたよ」

観念したような仕草を見せながら西條が苦笑する。2年生時の山梨インターハイあたりになると「もう、逃げられないかな?」とマネージャーへの道がちらつくようになったが、決して嫌な気分でもなかったのだという。

「このあたりから、だんだん『将来は先生になりたいな』と思い始めていたんですね。『だったら、三彦先生の近くにいるのは絶対にありだな』と」

9月に行われたウインターカップの予選。スーパーシードのように「この試合に勝てば出場できる」という秋田県立大曲農業高等学校との試合で、西條は選手としてエントリーされ途中出場を果たしている。加藤からその意図を直接聞かされたわけではなかったが、「高校ではこれでプレーヤーに区切りをつけよう」と、西條は覚悟を決めた。

教師になりたいという将来的な展望も後押ししたが、西條は「現在」にもしっかりと理由付けした上でマネージャーを決断していた。

「最初は同級生から頼まれても『嫌だ！』って姿勢だったんですけど、心のどこかで『誰もいなければ』みたいには思っていたのかな。なぜかというと、畑山がいたからなんです。自分は常に前向きで勝負師のあいつをリスペクトしていて、自分らの代では畑山が中心になるのはわかっていたんで『あいつが伸び伸びとチームを盛り上げられるように、自分はマネージャーとして怒られ役にでもなんでもなろう』と。あと、Bチームのマネージャーを田仲がやってくれることになったのも大きかったですよね。あのふたりはとにかく明るいんで、『俺はそこまで表立って何かをやる必要もないな』って安心感もありました」

能代工にとってマネージャーとは監督の腹心であり、助監督のような立ち位置だが、どうしても選手ではないため「なめられないように」とあえて威厳の衣をまとう者が多い。

そんななかにおいて、西條は異色のマネージャーだった。

田臥たち下級生が先輩を気にせずプレーできるよう、あえてへりくだる。下宿で若月が自分の部屋で寝ていても「お前、自分の部屋で寝ろよぉ」と優しく促す。入学したばかりでまだ環境に慣れていない堀などの1年生には、彼らが最後に入る垢が浮いた大浴場に一緒に入り悩みを聞いた。

「本当に優しい人だった」

誰もが口を揃えるマネージャー。それが、西條だった。

100点取られたら110点取る

2冠を手にした能代工は自信に満ち溢れていた。

誰もが「バスケの内容にこだわった勝利」を念頭に置き、インターハイと国体ではそれをコートで証明して盤石の栄冠を獲得してきた。彼らの絶対的な自信は平静をもたらし、いかなる相手であろうと自分たちが築き上げてきた地盤は揺るがないのだと確信もしていた。

マネージャーの西條は、ウインターカップでそのことを改めて思い知らされた。

終始和やかなミーティング。相手チームのスカウティングはするがそれも最低限で、早々に切り上げて雑談に入る。

「絶対に敗けないっしょ！」

「明日のプレーはどう魅せる？」

相手チームへの敬意の欠落や不遜などからではない。彼らにとって一番の敵とは自分——そう、能代工だと熟知しているからである。

「替えならいくらでもいる」という過酷な生存競争を勝ち抜き、下級生の頃から試合で揉まれてきた。勝利しても優勝しなければ喜びを表現することも許されず、鼻っ柱が伸びてきた時期には最強のＯＢたちにそれをへし折られた。監督からも時に罵声を浴びせられながら地に足をつけ生きたボールに執念を費やしてきている。「能代工」という血が自分たちの体に流れているのだと安心できるからこそ、「必ず勝てる」「敗けない」と心底思えるのである。したがってミーティングでの弛緩は、一種の解放感とも言えただろう。

西條はまさに、そのことを痛感していたのである。

「３年生の時は自信しかなかったです、本当に。敗けるって感覚はなかったですね」

裏付けられた自信は能代工の専売特許ではない。準々決勝で対戦することが決まった北谷の監督、安里もまた同じく泰然自若でこの一戦を迎えようとしていた。

辺土名の外部コーチとして78年のインターハイで初出場３位の衝撃を与えた指導者は、そこからさらにバスケットボールを進化させていた。磨きをかけていたのは、能代工のお家芸でもあるオールコートプレスを起点としたディフェンスである。

インディアナ大学をアメリカ大学最高峰のＮＣＡＡ（全米大学体育協会）ディヴィジョン１で優

勝させ、84年のロサンゼルスオリンピックでもアメリカ代表を金メダルに導いた名将、ボビー・ナイトが導入していたディフェンスに着想を得た。ドライブを仕掛けた選手にプレッシャーを与えてアウトサイドに追いやる。安里はそういった戦術も効果的に試合で組み込めるようになっていた。さらに、マンツーマンを起点としながらも要所でゾーンに切り替える柔軟性によって、それこそ能代工のように「40分間、走り切るバスケット」を実現させた。補足すると、北谷のファーストユニフォームをレッド、セカンドユニフォームをホワイトとしているのはインディアナ大へのオマージュなのだという。

北谷へ赴任して3年目の91年にインターハイ3位。新天地でも結果を残せた背景に、安里は「負けん気の強さ」を挙げている。

「相手が能代工業だろうとどこだろうと、何とも思ってなかったね。全くビビってなかった。それはなんでか？　コーチの僕が何とも思ってなかったから。これ、すごく大事なことなんです。指導者が本気でそう思っているとプレーヤーにも伝染するんです」

安里は、オフェンスでは選手のプレースタイルを尊重した。センターの根間洋一のゴール下の強さ、エース・田島健太郎の得点力、シューターである宮里康矢のスリーポイントがあれば、能代工と対等に渡り合える自信があった。

一方で、スカウティングで重視していたのがディフェンスだ。

徹底的にマークすべきはエースの田臥である。自陣から見て右サイドからドリブルをしながら移動し、左サイドからドライブを仕掛けてミドルシュートを放つ——これが、田臥で最も多い攻撃パターンだった。「そこだけは打たせるな」。安里の指示はこれだけだった。

攻守ともにこれが奏功した。北谷の流れを遮るように、ガードの畑山と田臥にスティールされターンオーバーしてしまう場面こそあったが、それを攻撃陣がカバーする。前半が終わって40-60。試合は殴り合いの様相を呈していた。

安里にとって唯一にして最大の誤算があったとすれば、最も警戒していたはずの田臥に得点を重ねられてしまったことだった。事前のスカウティング通りに行く手を封じたとしても、ミドルシュートがダメならゴール下まで切り込むといった具合で多彩な攻撃バリエーションでもってチャレンジしてきたのである。安里が脱帽する。

「普通の選手なら攻撃手段を止められたらシュンとなるんだけど、最高の選手っていうのはそこからゲーム中に進化する。田臥は40分の間に進化しやがった」

実は北谷の想定の上を行っていたのは田臥だけではなかった。能代工はあえて、相手の殴り合いに付き合っていたのである。

例えば、スリーポイントラインの後方からでもシュートを決められるディープスリーを得意とする宮里がシュートを打てば、ボールの軌道を見た瞬間に「決められるな」と判断するや小嶋か若月がすぐにオーバーラップする。仮にリングに嫌われてリバウンドボールになったとしても菊地がカバーしていたり、畑山や田臥がスティールを狙っていたわけだ。後半だけなら64-65と能代工の得点が下回ったが、それも折り込み済みだった。

「１００点取られたら、１１０点取るのがうちなんで」

スタイルの一端を打ち出す小嶋に、能代工のプライドを再確認した。

この試合のトップスコアラーは田臥と田島の41得点。スコアは１２８－１０５で、合計２３３得点は当時のウインターカップ記録となる歴史的な打ち合いだった。

最強の3冠と優勝後のダンス

２年間、遠征や大会での宿泊先で同じ部屋だったこともあり、田臥にとって目の前にある光景は日常であり、ルーティーンでもあった。

朝、起床時間となり先輩に声をかける。「起きましょう！」。そう言って布団をめくりあげると、そこには上半身を露わにしてスタンバイしている畑山がいた。仕掛け人が爆笑しながら明かす。

「私の先輩たちも面白い人たちばかりだったんで、その影響を受けたまでで。『俺を気持ちよく起こしてね』って。田臥は困ってたんじゃないですかね」

当時、人気を博していたお笑い番組『ダウンタウンのごっつええ感じ』内のコント『寝起きハイテンション王』を実践するなど、とにかく賑やかだった。田臥が吹き出す。

「いやもう、わざとからかったりしてきて。２年間ずっと〝部屋っ子〟だったんですごく面倒を見てもらったんですけど、まあ、朝から楽しい人でした」

準決勝で宿敵の仙台を97-59で退け、2年連続3冠に王手をかけた夜。そんな愉快な部屋でふたりはこんなシミュレーションをしていた。

「明日はしっかり勝とうな。優勝したら俺ら絶対にインタビューされるから……」

畑山が提案すると、田臥は「マジっすか!?」と目を丸くしながら頷くしかなかった。

山形南との決勝戦。能代工の選手たちの想いが交錯していた。

「もしかしたら、若月は山形南に行っていたかもしれないんだぞ。チームメートとしてこの決勝をこいつと一緒にプレーできることを幸せに思って戦おうよ」

試合前のミーティングで監督の加藤が選手を前にして言った。1年生だった前年はひとつのミスで交代させられ心身ともに萎縮していた若月は、不動のフォワードとなっていた。小嶋とどちらがフリースローラインに近いハイポストに付くか、ゴール下付近のローポストで位置取りするかなど、言葉を交わさずとも息の合ったコンビプレーを体現できるまでに成長を遂げていた。

「『お！　いいこと言うな』って。三彦先生の言葉で燃えましたね」

若月が奮い立つ理由はもうひとつあった。自身がマッチアップする山形南のパワーフォワード、渡辺紀之は陵東中時代のチームメートでもあったのだ。「こいつには敗けない」というより「対戦できて楽しい」といった、沸々とした感情が若月に去来していたのである。

菊地のディープスリーが号砲となった決勝戦は、序盤から能代工がコートを制圧していた。山形南は２メートルのセンターでチームの得点源でもある伊藤和哉にボールを集めてくる。ゴールポストで待ち構える彼を執拗にマークするのではなく、その過程を潰せばいいと能代工は考えていた。

一例を挙げればこうだ。

畑山と田臥が敵陣からドリブルでボールを運んでくるガードに抜かれたように演じる。そこで弛緩した相手の一瞬の隙を狙って後ろからスティールするのである。こぼれ球は、抜かれた選手が拾うのではなく逆サイドの選手がカバーリングして処理するなど無駄のない連係が徹底されていた。スティールからターンオーバー、得点。同じ映像が繰り返されるような展開で５-２から連続26得点。「山形南の試合が一番印象深い」という小嶋が、質の高いバスケットボールの感触を示す。

「どれだけ早く攻撃できるか、無駄足を踏まずに守れるか、凡ミスを減らせるかとか、１年間、内容にこだわったバスケをしてきたなかで、あの試合はディフェンスで相手をしっかりハメることができていたり、速いバスケットができていたと思います」

前半だけで75得点。トータルスコアは１３４-77。ウインターカップの決勝では、２０２２年大会時点でも最多得点と得点差という記録的圧勝である。個人成績もエースの田臥は試合中に右足を痛めた影響で16得点に終わったが21アシストを記録し、その分、畑山が25得点と気を吐いた。ゴール下の番人であるふたりも出色のパフォーマンスを披露し、若月が24得点11リバウンドの「ダブルダブル」を達成し、小嶋も20得点。チームのトップスコアラーは９本のスリーポイントシュートを決めるなど35得点を叩き出した菊地だった。

驚嘆の表現を用いることすら、もはや滑稽。当事者の言葉にこそ説得力があり、核心も突いている。田臥が迷うことなく断言した。

「強かったですね。３年間で一番、敗ける気がしなかったです」

優勝することで初めて喜ぶことが許される選手たちがはしゃぐ。マネージャーの西條の号令で応援席に「ありがとうございました！」と一礼し、チームが歓喜の輪を作る。

そして、予定調和のごとく始まった優勝インタビュー。

インタビュアーからマイクを向けられた畑山が、言葉を発するより先に体を反応させる。腰をうねらせるダンス。傍らにいた田臥もぎこちなく先輩に倣う。

「自分、こういう性格なんで。やっぱり勝った時は喜びたいし、敗けた時は悔しがりたいんで。そういうメリハリついてるんで、はい」

そう言い放って会場の爆笑を誘い、キャプテンは頭を掻いた。これには、普段は厳しい加藤も「なにやってんだよぉ！」と、笑いながら不問に付すしかなかった。

今から26年前の即席ダンス。畑山が思い出し、笑う。

「前日の夜に一応、練習したんですよ。田臥は『冗談だろうな』って思ってたんでしょうね。優勝して実際に自分がやったらあいつ、引いてましたからね」

かくして最強の男たちは、愉快に３冠を締めた。

能代工の礎と栄光を築き上げた前監督であり同校の校長でもある廣志に「最高の花道」を飾らせ

るため「必勝不敗」を義務付けられたなか、チームの哲学をも超越したバスケットボールを完成させて約束を守った。

翌3月。クラス会長も務めていた応援団長兼Bチームのマネージャーの田仲は、手が震えていた。偉大なる師から、生徒を代表して卒業の証を手にする前に顔は涙でぐしゃぐしゃになっていた。

「廣志先生が校長だったのって、この年だけじゃないですか。だから卒業証書をもらったバスケ部員って歴代で私しかいないんですよ。これはちょっと、自慢ですね」

ずっと泣いていたため、廣志から「ありがとう」と言われた以外は覚えていない。式が終わると廣志はバスケットボール部をはじめとした能代工の生徒たち一人ひとりに、丁寧に頭を下げながら、自身にとっての学び舎でもあった体育館を去った。

こだまする感謝の言葉。そこにはしばらく、「ありがとう」が溢れかえっていた。

1997年8月、インターハイを制した能代工の選手たち。

1997年12月、ウインターカップ決勝。勝利のダンスを踊る畑山と田臥。

ウインターカップでは決勝を含む、5試合中4試合が100点ゲームの圧勝だった。

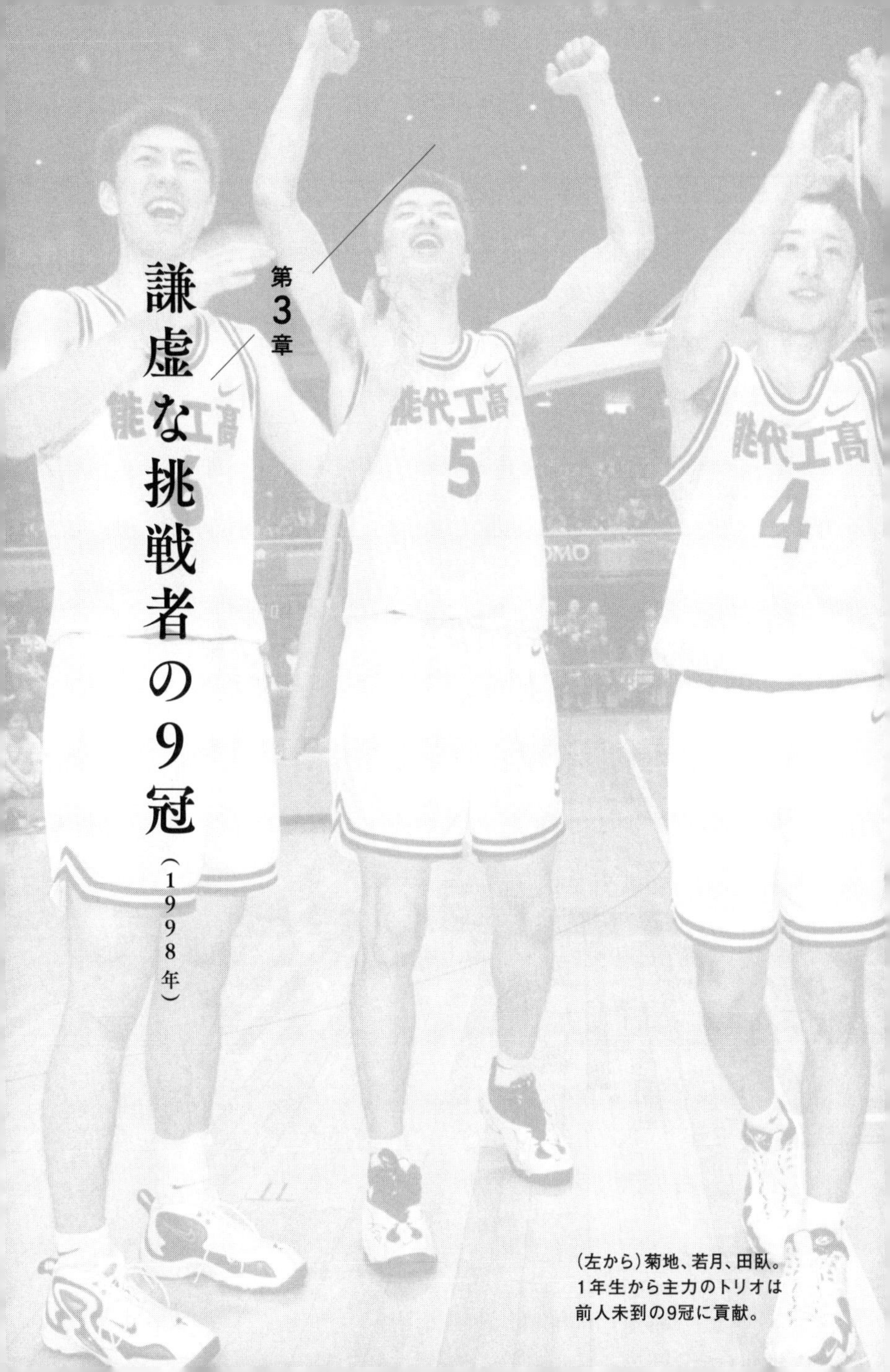

第3章

謙虚な挑戦者の9冠

（1998年）

（左から）菊地、若月、田臥。1年生から主力のトリオは前人未到の9冠に貢献。

1時間15分の芸術

体育館の時計の針が午後4時を指すと同時にマネージャーの前田浩行が笛を鳴らすと、選手たちが一斉に動き出す。

ウォーミングアップから全力。コート全面を使っての〝ボディコン〟と呼ばれるボディコントロールとディフェンスのフットワークは、地面に両腕がつくほど腰を落とした体勢で素早く動かなければならなかったりと、地味ながら過酷である。そこから、スリーメンやファイブメンといったオフェンス専門のメニューが展開されていく。

ここまで1時間15分。前田は要した時間まではっきりと覚えている。

「4時からノンストップ。『何分何秒にこのメニューが始まる』と決まってるし、人の並びも同じなんで、アングルが同じなら違う日付の映像を重ねてもほぼ一緒のはずです。一糸乱さず動くので、かなりきついんです。だからこそすごかった。芸術です」

この間、前田の陣頭指揮の下、選手たちだけで張り詰めた空気を生成する。1時間15分後に監督の加藤三彦が体育館に入ってからは紅白戦など指示されたメニューをこなす。

なぜ、指導者が練習の場にいない時間帯があるのか。加藤の回答は明瞭だ。

「選手たちに『バスケットってどんなスポーツ?』と尋ねると、誰もがこう答えました。『時間と数字のスポーツです』と。正解なんです。『だったら、試合のように限られた時間で集中しようよ』。それだけなんです。試合っていきなりやらないじゃないですか。ウォーミングアップがあって、やるべきことを話し合ってから臨むわけですから、それを日頃の練習から体現しているだけなんです。だから僕がその場にいなくたって誰も一切、手を抜かず完璧に足並みを揃えられるんですよ」

その芸術は、まさしく王者の風格、威厳があればこそ、創造できるのだろう。

前年の1997年に2年連続3冠の「6冠」を成し遂げた能代工には、連日、大勢の市民やファンが練習を見学に訪れていた。1年生から主力の田臥勇太、菊地勇樹、若月徹とスターを擁するだけに自然と歓声が沸くはずが、ミーハーな女子高生ですら場の空気と同化する。正確に言えば、能代工が発する緊迫感に圧され、声を失うのである。

「今の時代であの緊張感を生み出すのは無理ですね」

前田がそう言って、昔と今を対比しながら説明する。

「今だとスマホとかで動画を撮られてYouTubeとかにアップされちゃうから、いろんな意見が出てくるだろうし、その気になっちゃう選手も出てくることもあるだろうし。当時を知らない人たちは自分たちがやっていたことを理不尽に思うかもしれないけど、あの練習は間違いなく能代工業の強さの要因でもあったんです」

98年。新キャプテンの田臥を旗頭にスタートさせた能代工は、3年連続3冠の期待を背負わされていた。レギュラーとして6冠を経験した選手が3人もいる。ラインナップという額面だけで、周囲は「能代工業の9冠は間違いないだろう」と勝手に太鼓判を押す。

そんな評価を最も疑っていたのが、ほかならぬ能代工自身だった。

大学生が相手であったとしても、練習試合で不甲斐ないパフォーマンスをすれば加藤から容赦ない叱責が飛んでくる。

「これまで勝てていたのはお前たちがすごかったわけじゃないんだよ。先輩たちがうまく導いてくれていたからこそ結果を出せたんだからね」

ポイントガードの畑山陽一とセンターの小嶋信哉。不動の3年生が抜けた穴はあまりにも大きかった。加藤がチームを形成していく上で重要視する「トライアングル」は盤石といっても、畑山と小嶋が担っていた「ライン」を一から作り直さなければならない。要するに能代工は、「別のチーム」として生まれ変わることを求められていたわけだ。

加藤が当時のチームを回想する。

「田臥たちの新チームが始まった時というのは、ラインを誰にするかでチームは全く変わってくるわけですから。3人はね、『自分たちが2年生だったチームが完成形だ』ということを肌で感じているんです。だからこそ不安なんです。『自分たちの代になったらどうやってチームを作っていかないといけないか』と」

加藤が理想とするチーム編成において、大きなポイントである6番目、7番目の控え選手を上級生とするのなら、ラインは下級生に託さなければならない。メンバー入りしている2年生のなかで候補といえば、ポイントガードは堀里也と扇田正博。攻守ともにフォワードポジションをこなせる板倉令奈《れいな》とセンターの村山範行。そして、身長が１９６センチある期待の１年生ビッグマン、長澤晃一だった。

遠目では凪のように見えて、水面下は大きくうねっている。98年の能代工の船出の海とは、そんなようだった。キャプテンの田臥の心の声が、当時の覚悟を物語っていた。

「不安というのはありました……すごくありましたよ。畑山さんと小嶋さんがいたチームの強さを知っていましたし、ふたりが抜けたことの大きさも理解していました。それでも、前年の強さを超えなきゃいけなかったんで。残った自分たち３人もレベルアップしないといけないし、そこに後輩たちがフィットできるようにしていかないといけないし。そこへのチャレンジという気持ちは３人とも持っていました」

「0・5」の大切な役割

ゴール下の番人であるパワーフォワードの若月は、1年生から3年生となるまでの過程をわかりやすく表現していた。

「１年の時は右も左もわからずにやっていて、２年の時は楽しくプレーできていたんですけど、３年になってからは責任でしたね」

その責任がコートで使命感として打ち出される。若月はゴール下で自分とコンビを組む村山と長澤との連係を密に行っていた。

重要な項目のひとつである、リングに近いローポストとフリースローラインあたりのハイポストでの位置取り。ルーズボールへの対処にしても、闇雲に奪いに行くのではなく「ボールに近いほうが捕りに行く」と相棒になる選手とコンセンサスを取っておくことで、マイボールにした際の速攻へと繋げやすくなる。自身が小嶋と行っていた動きを彼らに伝えていった。

「後輩と一からチームを作っていく感じだったので、自分は『面倒を見ないといけない』という気持ちでしたね。はじめのうちは連係もダメだったり、しんどい部分はありましたけど。それぞれ1対1でスキルを覚えさせるというよりは、動きのなかで教えていったような感じでした」

入学したばかりの長澤はまだ完全に若月との連係を深められるまでには至らなかったが、1年生から公式戦を経験する村山は「走れるセンター」という能代工のバスケットボールに適したプレーヤーだったため、若月とのパートナーシップもそこまで労を要さなかった。

ゴール下は固まりつつある。しかし若月は、不安を拭い去れずにいた。

「ポイントガードが苦労してるなって。『2番（シューティングガード）の勇太がパスを欲しがってそうだけど、こねぇな』と思いながら見ていました」

田臥と、前年のポイントガードだった畑山のコンビプレーは抜群だった。アウトサイドで走路を確保する田臥が、ボールを受けた瞬間からペイントエリアまでカットインできるよう動き出しを見極めてパスができる視野と機転が、畑山にはあった。

新チームでその役割を担うのは、本来ならば堀だった。

期待のガードとして1年生の能代カップからメンバーに入っていたものの、練習から「自分は何もできていない」と苦悩を抱える日々を過ごしていた。

「『なんか違うな』って。でも、その『違う』が何かもよくわからないままやっていたところがありました。だから、なかなかチームにフィットできなくて」

もがきや焦燥に苛まれていた堀は空回りしていた。前年の大阪国体でのことだ。能代工はミーティングでひとりずつ試合での目標を掲げる決まりがあるのだが、そこで堀は「がむしゃらに頑張ります！」と宣言し、先輩たちから失笑を買ってしまう。

堀は「なぜ笑われたのか」を理解できていなかった。その真意を悟るのは数日後の加藤によるミーティングでのことだった。

「物事で一番ダメなのは、正しくないことを頑張ることだからね」

堀はギョッとする。おそらくは偶然なのだろうが、国体での自分の発言のアンサーを説かれている気分になった。

自分がどんなプレーヤーなのか？　ポジションやプレースタイル、現時点の課題などから、監督や他の選手から何を求められているのかを深く把握しておかなければならない。だから、ミーティングでは「リバウンド10本を必ず捕ります」といったように具体的な目標を掲げなければ、周りに

「こいつ何も考えてない」と冷ややかな目で見られてしまうのだ。当時の堀は1年生で、本職のガードではなくスモールフォワードが多いなどポジションが流動的だったとはいえ、メンバーにエントリーされなかった多くの3年生たちを差し置いてユニフォームを着る名門の代表である。「まだ1年生だから」といった甘えは、ここでは通用しない。

堀の「正しくないことを頑張る」ことについて、加藤が丁寧に説明する。

「正直、頑張ること自体に間違いはないんです。ただ、バスケットを5人分の大きな器だとすると、1・0の容量の選手が3人いたとして、1・5の選手がひとりだとしたら、残るひとりは0・5であるべきなんです。要は役割分担です。ダンクをできる選手が5人いても勝てません。それは、彼らは総じてドリブルでボールを運ぶのが得意ではないから。そういう選手を活かすためにドリブルがうまい選手、パスを出せる選手がいなければバスケットボールは成り立たないんですよ」

加藤は堀に「0・5」の役割を求めていたのである。前年のチームならばそれが畑山で、「1・5」が田臥だった。しかし、コート上での堀はポイントガードでありながら、ゴール付近まで積極的にボールを運ぶことを得意としていた。そのプレースタイルではどうしても田臥と動きが被ってしまい5人の連係も乱れてしまう。堀は「1・0」を超える優れたプレーヤーだった。それであるが故に、能代工バスケットボールの器は許容オーバーしてしまっていたのである。

堀はそのことに気づいていなかった。正確に言えば、認めたくなかったのである。

ガードとしてコンビを組む田臥は、自分が相手からのマークがきつくて思うように動けない場面があると想定した上で堀のプレーを尊重し、「俺にパスを出すだけじゃなくて、自分でボールを運べるときは行っていいからな」と背中を押してくれていた。結果的にそこに甘えてしまう自分がいたのだと、堀は自戒している。

「能代工業のポイントガードって『攻める』というイメージがあったんで。それを学ぶために行ったこともあって『俺はこんなもんじゃない』ということをずっと証明したいと思いながらやっていたっていうか。でも、本当の能代工業のポイントガードって、あまり目立たない黒子のような存在が求められるんですね。畑山さんはそこがスペシャルで、プレーもすごくバランス感覚に長けていらっしゃって。僕は別に田臥さんを目指していたわけではないんですけど、結果的におんぶにだっこで似たようなプレーになっちゃったりして。『そうじゃない、そうじゃない』ってもどかしさを抱えながらプレーしていましたね」

新チームが始動した当初こそスターティングラインナップに名を連ねていた堀だったが、少しずつ出場時間が減り、「ワンミス交代」が増えていった。極端な場合、ティップオフを告げるジャンプボールの時点で交代を命じられることもあったくらいだ。

1年時の若月がそうだったように、ワンミス交代にはリバウンドでのボールの処理の仕方やポジショニングなど、加藤なりに「なぜ代えられたのか？」をわかりやすくするための意図が込められていた。しかし、この時の堀は「代えるくらいならスタートで出さないでくれよ」といった自尊心が先行していた。

かたや堀と代わって出場するようになっていた扇田は、まさに黒子だった。ボールを持ったらとにかく得点源の田臥や菊地へパスを送る。ディフェンスとルーズボールに執着し、シュートは滅多に打たない。これが、加藤が求めたこの年のポイントガードだった。

「誤解してほしくないのは、堀はすごくいい選手なんです。だからメンバーに入れていたし、スタートでも出していました。ただあのチームでは、堀以上に扇田が能代工業のバスケットを理解して、本当に見えづらいところで体を張っていてくれたんです」

能代工のポイントガードは堀ではなく、扇田がファーストチョイスとなっていった。

「挑戦者」として目指す9冠

人知れずハードワークする村山と扇田が「ライン」に定着するようになったことで、能代工は機能の安定を取り戻していった。

「扇田はひとりでプレスをかけにいってくれたり、僕の分までディフェンスをやってくれるようなヤツだったし、村山も本当に地味なことをやってくれるようなタイプだったんで。そういうところが自分ら3人と噛み合っていくようで面白かったですね」

キャプテンの田臥が言う。好感触を得られるようになったのは、システムが確立されていったからだけではない。スタメンの「トライアングル」の献身性もあった。若月が村山と長澤に対して親身に助言していたように、３人は後輩を置き去りにしなかった。

田臥と若月と同じように、菊地もその想いは強かった。

「２年連続で３冠を獲れたのだって先輩がいたからだし、その偉大さというのはわかっていましたからね。だから、自分たちも３年になってからは『模範にならないといけない』って、後輩たちがやりやすい空気を作ったりするところは意識していました」

畑山の世代が自分たちの歩みに絶対的な自信を持っていた陽気なチームだったとすれば、田臥、菊地、若月の世代はどこまでも謙虚なチームだった。

１年生から不動のレギュラー。２年連続で３冠を獲得する無敗の最強チームの中心にいながら、「後輩が成長しなければ、自分たちもレベルアップできない」と足元から目を逸らすことはない。「６冠」という王者の衣をまとい、「目指せ９冠」といった旗印を掲げられるほどの力はないとばかりに、自分たちは「挑戦者」だと言い続ける。

菊地が言っていたような趣旨を、田臥も当たり前のように紡いでいた。

「『王者』って感覚はそんなに持っていなかったというか。全国大会はインターハイから始まるわけですけど、どのチームもまだ日本一にはなっていないわけじゃないですか。『ここからが本当の意味でのスタートだ』という意識があれば、必然的にチャレンジャーになっていくわけです。チーム自体が『過去は過去』ってスタンスでしたからね」

謙虚な３人がコートで牽引するチーム。

そこは間違いない。マネージャーの前田が言うには、求心力となっているのはやはりキャプテンの田臥だった。

「やっぱり勇太の影響は大きかったです。あいつが中心になって一生懸命に声を出したり、サボらずに動くから。あれだけ注目されていた選手なのに、ものすごく謙虚でしたからね。下級生はそこを見ていたんですよ」

そしてまた、夏が訪れる。

田臥と菊地は、はまなす画廊にいた。日本海を望む堤防に描かれた約２００点の絵画をぼんやりと眺めながら、「今年も始まるな」とどちらかが言えば「そうだなぁ」と片方がうんざりするように相槌を打つ。癒されるつもりがますます気が重くなり、自転車で海辺を巡ってからショッピングモールのジャスコ（現：イオン）へ行き、クレープを食べる。

「じゃあ、なんとか頑張ろう……」

また、どちらかが言い、片方が頷く。これが田臥と菊地が前年にも行っていた、〝地獄〟を迎えるにあたっての束の間の休息だった。

インターハイ前に行われるＯＢ戦。

前年と同じように畑山ら現役大学生のみならず、85年に主将としてインターハイ7連覇を含め5度目となる3冠時の中心選手だったＮＫＫの金子寛治、88年に2冠を獲得したアイシン精機の佐藤信長、89年に長谷川誠とともに2冠の原動力となった身長２０６センチのビッグマン、トヨタ自動車の関口聡史ら日本代表クラスの選手も集結した。それだけではない。実業団で佐藤とチームメートの後藤正規や三菱電機の沖田眞など、能代工ＯＢ以外のトッププレーヤーも参戦したのである。

いくら日本一といえど高校生である。日本のトップ・オブ・トップが相手となれば、弱点を丸裸にされる。パスコースを読まれ、ゾーンディフェンスをあっさりと突破される。集中力が途切れたと監督が判断すれば容赦ない怒声が飛ぶ。１年生の長澤がいなされ、２年生の堀もすぐに代えられる。この過酷が１日４試合から5試合、１週間ほど続くのである。

「もう嫌、嫌だ！　あれだけは絶対にやりたくない！」

菊地は語気を強めながらも、冷静にＯＢ戦の意義は認めていた。

「あれはもう、極限っす。でも、間違いなく強さの秘訣でもあるんですけどね」

日本を代表する選手たちによってブラッシュアップされたチームは、インターハイを前に確実にレベルアップを果たしたのである。

「全中ＭＶＰ」がマネージャー

98年の1冠目となる高知インターハイ。初戦の群馬県立高崎商業高等学校戦はエース・田臥の34得点などで１３０－66の圧勝だった。

ざわつきはない。その光景はもはや当たり前となっていた。続く京都の強豪・洛南戦でも中学時代の仲間が気軽に声をかけてくれる。

マネージャーの前田は、完全に能代工の統率者となっていた。

「3年になって最初の頃の試合って、周りのざわつきがわかるんですよ。『全中でＭＶＰを獲ったやつがマネージャーになった』って。僕の中学時代を知ってるヤツに『あいつ、ダメだったんだな』と思われたりしないかとか、そういうのがちょっと気になるというか、被害妄想があったような気はします。でも全国大会に行くと、人気とカリスマがあるチームが僕の笛ひとつで『右向け右』になるわけですよ。そうなると、他のチームの選手たちから『あいつ、すげぇんだな』って思われてる空気を感じるというか」

絵に描いたようなエリート。前田は中学までそんなバスケットボール人生を歩んできた。

小学生時代に所属していたミニバスケットボールチームの岡崎子どもバスケットボール教室で全国優勝を経験した前田は、中学1年の冬に地元の愛知県岡崎市から京都の強豪チームである洛西中に転校した。物足りなそうにしている息子を見かねた父親が知人を通じて話を進めてくれたそうで、母親とともに住民票を京都へ移した。前田は新天地で不動のポイントガードとなり、3年の全中では準決勝で田臥のいる大道中を破るなど優勝を果たしてＭＶＰに輝いた。この時点で前田は、「ナンバーワン中学生」だったわけである。

強豪校からの勧誘が相次ぐ。当初は愛工大名電への進学を希望していたが、前田が「全中ＭＶＰ」の称号を獲得した95年、自身が教えを請いたいと切望していた同校のアシスタントコーチである浅井保行が逝去。「だったら、日本一を目指せる高校でやりたい」と能代工への進学を視野に入れ、練習会に参加した経緯があった。

〝ピラニア軍団〟が立ちはだかる突破練習。自分より身長の低い田臥が、高校3年生のディフェンスのスペシャリストを翻弄する。自分はといえば、おそらく1本突破するのがやっとだった。むしろ、それが当たり前。「日本一」のレベルの高さだった。

そして前田は、高校に入学して間もないうちに悟った。

「自分は、このチームではメンバーに入れないかもしれない」

監督の加藤が能代工の人材に求めているのはスペシャリティだった。田臥の圧倒的スキル、菊地のスリーポイントシュートとサイズ、若月のリバウンドと運動量がそうで、前田には「これ」という強みがなかった。ドリブル、シュート、ディフェンス、スピード、ゲームコントロール。それらをレーダーチャートにすれば全て５点満点中４点以上の高い評価を得られるほどのオールラウンダーではあったが、誰もが認める秀でた能力はなかったと自分でも認めている。

「能代工業ってうまい選手がたくさんいるんですよ。でも、そうじゃないんですよね。何かに飛び抜けたものを持っている５人を三彦先生が組み合わせてチームを作る。そういった意味では、僕なんかは中途半端な選手だったんですよ」

前田が自分を嘲るように笑う。「全中ＭＶＰ」。誰もが羨む実績を誇る彼だからこそ、ある「疑問」をぶつけたくなる。

監督の加藤は、次年度以降も見据えて各学年5人のチーム編成を理想とし、早くからメンバーが固定されるケースが多い。前田たちのようにいわば弾かれてしまった選手は、ユニフォームを着られるチャンスすら与えられぬまま3年間を過ごすことになるかもしれない。

――そこで、腐ることはなかったのか？

前田が真顔で即答する。

「正直に言えば、誰だって『チャンスを貰えないのか……』と思うことはありましたよ。でも、腐るヤツはいないです。僕らの代だけじゃなくて先輩たちも含めて。『腐るくらいなら、そもそも能代工業に来るなよ』という話なので。中学オールスタークラスの選手が何人も来ているということは、それだけの覚悟を持っているということです」

前田が加藤からマネージャーを打診されたのは、「もしかしたら、あるかもしれない」と薄々感づき始めていた2年生の秋だった。

「お前は将来、どうやってバスケットに関わっていきたい？」

監督からそう尋ねられた前田は「指導者です」と答えた。すると「だったら、今からマネージャーをやるのも手だと思うんだけど」と提案された。

加藤が口説き文句の中身を教えてくれた。

「田臥たちの代で一番すごかったのは前田なんですよ。プレーヤーとしてだけでなく、監督の僕と選手からも一目置かれる存在だったのが彼だったわけです。なので、『今からマネージャーとして指導の勉強をしておいたほうがいいんじゃない？』と話しました。正直ね、彼がプレーヤーを続けていたらメンバーにエントリーしていなかったと思います。ガードを田臥と前田で組ませていいチームができるかといったら、そうとは限らないので。それよりも、『こんなに能力のあるお前だからこそ、早い段階からバスケットの素晴らしさを、教える立場から還元してほしい』といった想いのほうが強かった。だからマネージャーに任命したんです」

前田は迷うことなくマネージャーを引き受けた。監督の説得に裏付けと熱量が感じられたこともあったが、それ以上に彼を駆り立てたのはプライドだった。

「プレーヤーにこだわって、Bチームの〝その他大勢〟で高校生活を終えるのが、俺は耐えられなかったんです。だから、三彦先生に打診された時は『やるしかない』と思えましたし、自分の居場所を与えてもらえた安心感のほうが強かったですよね」

前田がマネージャーを引き受けると、加藤は選手の前で許可を求めた。首を横に振る者は誰もいなかったし、自身も下宿に帰ってから田臥たちに改めて「俺でいいか？」と問うと「お前しかいない」と逆に頼まれた。前田にはそれだけの人格が備わっているのだと、誰もが認めている証左でもあったわけだ。

次代でマネージャーを担う当時1年生の国塚《くにつか》清希《せいき》は、先輩に敬意を抱いていたひとりだ。

「そもそも大人でした。自分の発言には責任を持つし、目上の人に対しても違うことは違うと言えたり。個人的には、その日の気分で態度を変えないことがすごいなと思って見ていました」

リスペクトしていたのは同級生も同じである。中学時代から同じポジションで刺激し合ってきた田臥も全幅の信頼を口にする。

「『こういうヤツが将来、指導者になるんだろうな』というくらいしっかりしていたんで、前田は。プレーヤーとしても優れていましたけど、バスケットボールにおいて彼に向いていたのはそっちなんじゃないかというのは一緒に過ごしていて感じていたので。愛知から能代にまで来てマネージャーになるって、すごい決心だと思うんです。そこも僕が前田に一目置く理由にもなりました」

前田の確固たる意志。田臥の芯が一段と太くなる。

「こいつと、こいつが引っ張るチームみんなで優勝したい」

最も警戒していたライバル、仙台

洛南戦を90-62で勝利すると、準々決勝の東海大学付属第四高等学校（現：東海大学付属札幌高等学校）戦でも１１０-68と相手を圧倒。試合を重ねるたびにチームの格が上がっていった。

インターハイに入ってから、ポイントガードの扇田とシューティングガードの田臥の呼吸に安心感が生まれてきた。ハードワークが身上の村山もゴール下で若月との連係を強めている。普段から加藤に「お前がシュートを打てるのは、ガードやセンターが走ってスペースを作ってくれているからだ」と言われていることから、ゴールに対して45度の角度だけはいかなる状況でも確保すると誓う菊地にも、ゆとりが生まれてきた。

6冠に貢献してきたシューターも、2年までは「水物」と自らのスリーポイントシュートを厳しく評価していた。3年になり徐々に自信を養ってきた飛び道具が大当たりしたのがこのインターハイであり、いわく「打てば入る感覚だった」と頷く。

パスを受け、リングを見た時にはすでにシュートモーションに入っている。このリズム。ボールをリリースする瞬間のひじの角度が自分にとって正常だと思えれば、多少は体勢が崩れていたとしても「決まった」と確信できた。116-99で快勝した市立船橋との準決勝で44得点。菊地は研ぎ澄まされていた。

高校レベルでは完成されつつあったそのシューターが唯一、狂わされる相手が、決勝で対することとなった仙台である。

6月のNHK杯。能代工は宿敵相手に78-68と苦しめられた。3年となりスリーポイントシュートの成功率が安定してきた菊地も不発で、加藤ですら慰めるように選手たちを前にしてこのようにフォローしたほどだった。

「菊地だって人間なんだよ。こういうときもあるんだって」

この試合でのパフォーマンスについて菊地は、ただただ「申し訳なかった」と頭を下げるだけだったが、精密機械に不具合が生じた理由はあった。

村山文雄。仙台のシューターである。スリーポイントシュートのモーションは「速い」と評される菊地をも凌ぐとの声もあり、日本代表のジュニアでチームメートでもあったことからライバル視していた選手でもあった。

「うちらのディフェンスはゾーンだったので直接マッチアップすることはあんまりなかったんですけど、村山もショートコーナーの45度の場所にいたりするんですよ。それで、俺の目の前でスリーポイントを決めることが多かったから、めちゃくちゃ意識しましたね」

能代工と同じ公立校。ただし自分たちと決定的に違うのは、地元の選手だけでチームを作り、緻密で堅実なバスケットボールを徹底的に叩き込まれているところだった。

マネージャーの前田も、全国のライバルで最も警戒していたのが仙台だったと話す。

「鍛え方が他の高校とは全然違いましたからね。当時の仙台は僕らよりきつい練習をしていたと思うんですよ。だからといって敗ける気はしなかったけど、自分たちをよく研究して攻めてきたり、一番嫌な相手でしたよね」

そんな仙台をコートで牽引するのが、ポイントガードの柏倉秀徳である。

仙台・柏倉の成長と田臥への想い

2年前の12月。柏倉は涙に暮れた。

96年のウインターカップ。リードしていた後半残り3分に3年生の金田詳徳が5ファウルで退場する。代わりに出場した1年生ポイントガードの柏倉がミスを重ねてしまったことで、結果的にチームの敗戦を招いてしまった。

「あの経験があったからこそ、その後のバスケット人生においてワンプレーの大事さとか、ミスに対しての考え方に役立ちました」

ユタ・ジャズでプレーし、ＮＢＡ歴代最多のアシスト、スティールを記録したジョン・ストックトンに憧れていたように、柏倉は黒子を体現するようなポイントガードだった。

職人気質のプレースタイルは、仙台を率いる佐藤久夫のバスケットボールにマッチした。

地元の選手を叩き上げて全国でも対等に渡り合えるチームを築き上げた佐藤は、多少のミスを許容しながらスピードを重視した攻守を展開していく能代工の加藤とは対極にいる指導者で、とにかく手堅く、細かい。パスを受ける手の位置と指の向き。チェストパスでは「親指は下へ向けろ」「もう1、2歩、右足を出しなさい」といったように、仔細に目を行き届かせた。

この佐藤の下、96年のウインターカップで辛酸をなめさせられた柏倉は、基礎を叩き直した。5対5の練習では、いかなる局面でも正確なパスを心掛けた。できるだけ正しい体勢を保てるよう相手ディフェンスの足の動きを事前に確認しておくことで、カットされづらい速さと軌道で味方にボールを供給する。予測と準備は柏倉にとって基本の「キ」となっていった。

「とにかく、日頃の練習メニューから自分にプレッシャーをかけていくようにしていましたね。『ターンオーバーをゼロにしていこう』というなかで、ミスを恐れて消極的にプレーするのではなく、速いパスを出して味方がボールを捕り損ねたり、相手にカットされたら自分のせい。久夫先生から細かく指導されたこともありましたけど、成功したプレーでも『もっとうまくできたな』とか、自分に対する要求も高くなったような気がします」

繰り返し、繰り返し。手法は違えど、仙台もまた能代工のようなハードワークを日々こなす。体力が落ち、プレーに精彩を欠けば、佐藤からの檄が飛ぶ。

「それで能代工業を倒せると思ってるのか！」

能代、能代、能代。仙台の体育館で反響する強敵の名前が、彼らを奮い立たせていた。

「事あるごとに『能代』ってキーワードを久夫先生は出されていました。同じ東北の高校でしたし、優勝するためには絶対に倒さないといけない相手でもありましたし。そのためには能代工業以上のことをしないといけない。『どうやったら勝てるんだろう』と常日頃からそんなことばかり考えながら練習していたというか、全てが能代工業を起点として日々を過ごしていたような気がしますね。うちは相手に比べると身体能力に優れているわけではなかったので、スキルやフィジカル、スタミナ、心も含めた心技体を鍛えられました」

田臥とは同じ東北のチーム。１年生の春からメンバー入りするポイントガードで、身長も１７３センチと多くの共通点を持つ。２年連続でウインターカップの準決勝で対峙したように全国でも上位でしのぎを削り合っていることから、比較されることも珍しくはなかった。

突破力のあるドリブルにノールックパスを代表とするアシスト、豊富なバリエーションを誇るシュート。華やかなプレーで他を魅了する田臥と違い、柏倉は正確無比なパスを特徴とするゲームメーカー。タイプは異なるが、「高校ナンバーワン」と称されつつあった相手を意識する自分がいたことも事実である。

「ライバル視していたかと言われると難しいところです。田臥からしたらライバルとは思っていなかったでしょうけど、僕としては自分を高めてくれる相手だとは思っていましたし、ポジションも同じガードですから『絶対に負けたくない』と」

柏倉が田臥の質の高さをまざまざと見せつけられたのは、2年生のウインターカップ準決勝で能代工に敗れた後、ともに選ばれた全日本ジュニアの遠征でのことだった。

自分の考えがお見通しであるかのように意思が伝わる。

「パスが欲しい」

「そこはドライブで仕掛けてほしい」

そんなふうに思っていると、田臥はその通りのプレーをしてくれた。コートでコンビを組む柏倉は、ストレスフリーで動けていることを自覚していた。

「一緒にプレーして『やりやすい』のひと言でしたね。ああいった即席のチームでも、自分を出しつつ周りも生かせるというのはすごく勉強になりました」

田臥がそれを可能としている要因が、一級品のスキルにあることは確かだ。しかし柏倉は、バスケットボールではないところで彼の順応性を垣間見ていた。

それはメリハリだ。

ひとたびコートを離れると、田臥は普通だった。どこにでもいるような高校生として日常会話を楽しみ、チームメートと交流を深めていたが、コートに立つと豹変する。目の色が変わり、ボールへの執着を打ち出す。「誰にも負けたくない」という気迫を前面に出しプレーするのである。

柏倉が自分を省みる。コート上では田臥のように闘志を漲らせバスケットボールに打ち込めている自信はあった。ただ、オフコートでも表情が硬かったような気がする。仲間たちと会話はするが田臥ほど砕けられているかは疑問だった。

「ずっと張り詰めているのはよくないんだなって。それこそ、バスケットボールの時だけ集中するというか、入り込む姿勢というのは『ちょっとやってみようかな？』と。そういうところも、田臥から勉強させてもらいましたね」

それは、監督の佐藤が日頃から柏倉に伝えていることと同じだった。

「周りが気持ちよくプレーできるように」

柔軟な姿勢とは、自分のプレーだけではなく相手を慮ることにも直結する。柏倉はプレーヤーとして熟成された。ともに2年生から主力を務めるシューターの村山、センターの高柳淳との連係も深みを増していた。インターハイでも「最大の山場」と睨んでいた新潟県立新潟商業高等学校との準決勝を制し、チームの勢いも加速している。

「最高の舞台が整ったな」

決勝戦を前にした柏倉は、自信を強めていた。

勝敗を分けた「もう1秒早く、強いパス」

柏倉たちが入学して唯一の勝利となっている96年6月のＮＨＫ杯から、仙台は一度も能代工に土をつけることができていなかった。

3年となった98年のインターハイは、国体のチームを含め実に「11度目の正直」の成就を目指した一戦である。しかも、全国大会決勝での対戦となるのはこれが初めてだった。

「僕と村山、高柳は2年生から多く経験を積ませてもらって、3年になるとだいぶ力をつけられていると実感できていました。能代工業は中心だった畑山さんと小嶋さんが抜けていましたし、優勝できるチャンスはあると思っていました」

ティップオフのジャンプボールで能代工にボールが渡ると、田臥に素早く切り込まれて2点を先制される。しかし、仙台は動じない。

すぐさまオールコートでプレスを仕掛けられても、ボールを受けた柏倉の傍らにはシューティングガードの武内慎之助がカバーリングに控えているため、即ボールを渡す。能代工のゾーンディフェンス攻略としては、例えばサイドをひとりで守る菊地ならふたりがかりで挟み込み、スリーポイントシュートを狙う村山にボールを回すといったゾーンブレイク――いわゆる「ゾーンディフェンス崩し」を展開していった。

攻守が切り替われば相手がスピーディーに向かってくることは織り込み済みのため、マンツーマンを採用する仙台は、柏倉は田臥、村山は菊地、高柳は若月を徹底マークした。意地の張り合いでどこまで通用するか？　それによって相手に与えるストレス濃度が変わる。

前半を終わって45-54。リードを許していたが、仙台は能代工に食らいつけていた。

拮抗した試合が動いたのは、後半残り13分を切ったあたりからだ。村山と高柳のスリーポイントシュートが決まり69-71と2点差に詰め寄る。さらに扇田のパスを柏倉がスティールしてペイントエリアまで切り込み相手をゴール下付近まで引き付けると、スリーポイントラインのトップで待ち構えていたフリーの村山にボールを託す――。日々の練習で叩き込んできた形である。

ここで出したパスを、柏倉は悔やんだ。

「あのタイミングじゃなかった。もう1秒くらい早く、強いパスを出せていたら、村山はもっといいシュートを打てたんだろうなって」

扇田と村山範行に圧力をかけられながらも出したパスは正確に思えた。しかし、柏倉は「なぜ、練習で体に染み込ませてきたはずのパスを、あんな大事な場面で出せなかったのだ」と自戒するのである。村山のシュートがリングに嫌われる。ここから仙台のリズムは崩れた。

ディフェンスリバウンドを奪って攻撃に転じるもシュートがリングにことごとく嫌われ、相手にボールが渡ったところで菊地にスリーポイントシュートを決められ突き放される。ここから能代工の怒涛の猛攻を受けた仙台は、食い下がることができなかった。

80‐103。1本のパスが、結果的に流れを変えた。

「シュートを外しても『よし、もう1回守り直そう』って粘りの意識はあったんです。でも、能代工業はその上を超えてきました。こちらのミスを常に逃さないというか、『シュートを決めておけば』というようなこちらのちょっとした隙から傷口を広げさせる術を知ってるんです。40分間、精神的な圧力があるというんですかね、そういうものが結果として表れてしまったのかなと」

最強と呼ばれた能代工と最も多くコートで対峙した男は、それでも「やり切れた」と言った。

勝敗を分けた要素を問われればいくらでも出てくるだろう。ただ、仙台になく能代工にあったものがあるとするのなら経験。これだけだったのかもしれない。

柏倉が「確かにそうかもしれません」と首肯する。

「僕らはインターハイの決勝は初めてでしたからね。田臥たち3人は3回目じゃないですか。東北大会とか能代カップとかで何回も戦いましたけど、やっぱり全国大会の能代工業って違うんですよね。大舞台に慣れているというか、勝ち方を知っているというか」

普通の高校生としての日常

田臥、菊地、若月が1年生で初めて3大大会タイトルを手にした山梨インターハイで奏でられた序曲は、「9冠」へまた一歩近づいたこの高知インターハイで狂騒曲となっていた。

能代工が登場する会場は常に大入り状態。試合前から彼らの戦いは始まっていた。

入口を塞がんばかりに群がる〝入り待ち〟のファン。そこを突破するべく、能代工は〝突っ込み部隊〟を編成していた。クーラーボックスを両腕に抱えた後輩メンバーが、「すいません！　通してください!!」と大声を張り上げながら容赦なくファンの波をかき分けていく。田臥たち主力メンバーは、突っ込み部隊の後方で2列の隊列を組んで粛々と移動する。

そして、試合後も戦いが待っている。報道陣による囲み取材だ。ここでは、我こそが独自のエピソードを仕入れようと記者たちが躍起になって選手たちを個別に捕まえる。

「もう、マスコミが一番大変でしたよぉ」

田臥たちが入学した96年からバスケットボール部の部長に就いた安保敏明が嘆く。

「決められたタイムスケジュールがある。向こうもできるだけ長く話を聞きたい。そのせめぎ合いというか。こちらとしては、選手には次の試合がありますし、できるだけ負担をかけさせたくないので『申し訳ありません。このあたりで勘弁していただけないでしょうか』とお願いするしかなかったんですけど、まあ、それでもねぇ……」

安保はファンにとっても一番の厄介者だった。簡単に言ってしまえば「嫌われ者」である。能代工バスケットボール部に限らず、人気者を最前線で守るべき人間というのは、どうしても損な役回りをこなさなければならない。

能代工の体育館でも、安保は人知れず戦っていた。

練習中は観客も静かに見守っているが、それが終わると選手たちの領域に土足で踏み込んでくる人間もなかにはいた。そういった際には「彼らも高校生なので、どうかご理解ください」と厳しく咎めることもあった。いつしか〈練習を見学の際はルールを守ってください〉と、注意事項を明記した張り紙まで掲示するまでになった。

「田臥たちの人気はすごかったです。でも、彼らはあくまで高校生ですから。そこを大前提として見守っていただきたかった。ただ、それだけなんです」

部長として安保はコートの中のことには一切口を出さなかったが、一歩外に出れば「学生の本分を忘れないように」と常に注意を促していた。菊地は教えに忠実だった。

「安保先生はそういうところをいつも言ってくれていましたよね。『お前たちが知らなくても世の中の多くはお前たちを知ってるんだから、常に見られていると思って行動しないとダメだよ』みたいな感じで。そこは肝に銘じていましたね」

ユニフォームを脱げば、普通の高校生。実はその筆頭が田臥だった。

安保が「校内では全くオーラがなかった」と言っていたが、菊地も若月も前田も、全員が同じ印象を述べるほどクラスメートたちに溶け込んでいた。バスケットボール部員だけでなく一般生徒ともフレンドリーに接し、1学年上の畑山たちがそうだったように陽気な生徒たちとじゃれ合うなど、どちらかと言えばいじられキャラだった。

県外はもちろん、県内でも秋田市などの県中、横手市などの県南と、県北の能代市から自宅が離れている選手たちは、能代工の校内に併設されてある松籟《しょうらい》寮か、長谷川下宿、金谷下宿の民間の施設で暮らすこととなる。

長谷川下宿にいた田臥、菊地、若月、前田、それに岩本祐輔はいつでも一緒だった。

3年になってからは前田の部屋が最も広かったことから溜まり場となり、田臥の好きな俳優が出演するドラマを観て「メインキャラ出てるぞ!」と盛り上がる。

学校を通じて下宿に届けられたファンレターを物色する。老若男女から便りが届く田臥に対して、菊地は女性ファンに人気があり、職人気質のイメージがあった若月は男子中学生から憧れられていたという。そして当時、流行の最先端を発信していたライフスタイル誌『ホットドッグ・プレス』やファッション雑誌を読み漁っては、『今度、秋田に買い物行くべ』と計画を立てる。

そんなありふれた高校生だった彼らは、一歩外に出れば有名人だった。

休日に秋田市内まで繰り出す。少しだけ人目を気にしている田臥が伊達メガネをかけ、帽子を深く被っても、彼を囲むのが変装をしていない菊地と若月のビッグマンだ。だから「田臥さんですよね?」と、すぐファンにバレる。

「やっぱ、変装してもダメだな」

「お前らがいるからだろ!」

そんな笑い話も、彼らの和やかな日常の一部だった。だから、田臥がテレビのドキュメンタリー番組で特集されようが、バスケットボール専門誌で表紙を飾ろうが、試合会場でどれだけ人に囲まれようが、菊地や若月、前田らチームメートは、嫉妬も羨望もなく「全然気にしなかったですよ。あいつ、普通なんで」とあっけらかんと言い放つのである。

当の田臥も反応は同じだった。

自分がどれだけ注目を浴びようと、仲間たちが普段通りに接してくれている。そして、横浜という都会育ちだったからこそ、人口5万人余りの能代市の居心地がよかったと笑う。

「そもそも、周りに人がそんなにいなかったので、普段通りの生活ができていました。今みたいにインターネットが発達していなかったので情報もそんなに入らなかったし、試合会場に行くと応援してくれる方がたくさんいるわけじゃないですか。そこはありがたいなって思っていましたね」

「田臥さんでも松坂に勝てないのか」

そして、田臥たちにとっての「非日常」がまたやってきた。

神奈川国体の開会式。47都道府県、全競技の選手たちが集結する式典では、局地的にお祭り騒ぎとなっていた。

お目当ては、能代工ではなかった。

この年の夏の甲子園で史上5校目となる春夏連覇を達成した横浜高校であり、チームの絶対的エースとして君臨し「平成の怪物」と謳われていた話題の高校生、松坂大輔である。秋田県選手団は偶然にも神奈川県に近い位置で並んでいたため、能代工の選手たちもその光景は覚えていた。

「お前たちは絶対に松坂に近づくなよ」

混乱を予期していた部長の安保から、田臥ら3人が念を押される。遠目で神奈川県の様子を窺っていた菊地が「松坂行列と田臥行列はすごかったですよ」と当時の情景を思い起こしていたが、実際は松坂の圧勝だった。2年生だった堀が証言する。

「松坂さんにみんなぶわーって集まって。こっちには田臥さんがいるんですよ！　バスケの会場だったら断トツで人だかりができる方なのに……。日本の野球人気のすごさを見せつけられた気分でした。『田臥さんでも松坂に勝てないのか』って」

横浜出身の田臥がいることで〝凱旋〟のような位置づけとされていた神奈川国体は、4日間で最大5試合という超過密日程だった。決勝まで勝ち進むと仮定するならば、どこかでダブルヘッダーが組まれるわけである。

秋田にとって不運だったのが、連戦の2試合目となる準々決勝の相手が沖縄だったことだ。そう、あの安里幸男率いる難敵である。

兵庫に92‐66で勝利してからおよそ3時間後に始まった試合は、序盤からどっちつかずの展開となっていた。

能代工が得意とするゾーンプレスで相手を鳥かごのように封じ込めることができず、かといって速攻にもいつものような切れ味がない。前半も残り6分を切ったあたりで26－30と、秋田が押されている試合となっていた。

95年の国体、能代工単独で結成された秋田に勝利した経験を持つ安里は、この年の沖縄選抜を「私が監督になってから最弱」と評しながらも、秋田対策には抜かりがなかった。

「前年に私が『最強』だと思っていた畑山と小嶋がいたチームとやれていたのが大きかった。チームの核の畑山が堅実だったから田臥も生きたし、小嶋のリバウンド力は本当にすごかった。それに比べると、この年のチームは戦力が手薄だったように感じましたね。だから、田臥をマークしておけば最弱の沖縄でもいい勝負ができるんじゃないかってね」

安里がチームに課した戦術は大きくひとつ。「田臥に強く当たれ」だった。

前年のチームならば畑山と田臥のどちらかを潰したところで、もう片方が局面を打破してくるため効力は薄かった。しかし、このチームは田臥さえ機能を弱められればポイントガードの扇田や堀には畑山のような統率力はない――そう睨んでいたのである。

試合で負担を強いられた、チーム一のハードワーカーである若月が嘆く。

「前の試合もフルで出てたんで、『しんどい……いつ終わんだよ』としか思わなかったですよね。しかも、沖縄って自分たちをすごく研究してるチームじゃないですか。それもあって余計にしんどかったですね。でも、体力的に『もう走れない』というようなことはなかったんで、ひたすらコートを往復して、ボールに食らいつくしかないって感じでやってました」

前半を終わって36-36。煮え切らない内容に、遂に加藤がキレる。

「何が3年連続3冠だ！　もういい。お前らで勝手にやれ！」

秋田が苦戦を強いられたのは、「1日2試合」をこなす過密日程や安里が相手ということだけが理由ではなかった。前半だけで6本のスリーポイントシュートを決めていた菊地が、この試合では本来のスモールフォワードとしてだけではなく、シューティングガードのような役割も担っていたため、広範囲をケアしながら攻守を担当していたこともいつもと違う点だった。


リングから45度の角度でポジション取りをするだけでなく、他の選手のマークがきつければコート中央まで下がってボールを受けるなど流動的に動く。「安里先生に狙われている感じはあったんです」と菊地が振り返るように、このような前後動作の過程で相手にスティールされる場面も見受けられたのである。


その一方で、不思議と追い込まれるような気持ちにはならなかったと菊地は言った。

「沖縄との試合っていつも調子がいいんですよ。この時も『打てば入る』って感じでした」

菊地は警戒されているなかでも飛び道具を打ち続けた。2点リードされた後半残り5分のあたりで、この試合で自身10本目となるスリーポイントシュートが決まり逆転。その後、着実に加点していった秋田が、最終的に80-73と逃げ切った。勝利の突破口は開き直り。厳しくマークされた田臥が14得点に終わったなか、菊地は38得点を叩き出した。

選手たちが「一番ヤバかった」と口を揃える山を乗り越えた秋田は、準決勝で新潟に84-60と勝利し、京都との決勝では田臥が34得点と気を吐いて87－64。〝松坂フィーバー〟で始まった怒涛の神奈川国体を制した。

98年、2冠目となるタイトル。「9冠」はいよいよ、射程圏に入った。

五輪でも活躍する凄腕トレーナーの存在

田臥、菊地、若月のルーキートリオが入学した96年から振り返ると、その年の6月のNHK杯で仙台に屈してから加藤には敗けた記憶がほとんどない。

練習試合も高校生相手ならば退けられた。敗北を喫するとなれば、能代工OBの鈴木貴美一が監督を務めていた関係で多く胸を貸してもらっていた秋田経済法科大学（現：ノースアジア大学）をはじめとする大学、こちらもOBが多く名を連ねる国体の成年男子チームや実業団だった。

能代工はすでに、高校のレベルを超越したチームとなっていた。

田臥たちが3年生となった98年になれば、休日は必ずと言っていいほど各地で竣工された体育館などスポーツ施設のこけら落としに参加するか、招待試合だった。公式戦のみならず練習試合でも観客席を埋め尽くすほどの人で溢れかえっていたのは、ファンは田臥らが必ず試合に出ると信じていたし、チームもそれを実現させていたからだ。

公式戦は決勝までフルで戦い、休日は試合のスケジュールで埋め尽くされている。年間でこれほどまでに試合をこなしながらも彼らが大きな故障もなく戦い続けられている理由として、コンディショニングが挙げられる。

　監督の加藤が評す。その最大の功労者こそ、トレーナーの石山信男であると。

「スポーツって体が資本ですから、そこのケアがメインとなってくるわけですよ。能代工業があれだけ優勝できた要因の5割以上は石山さんのおかげです」

　加藤と年齢が1歳上と近く、能代工でコーチをする以前から面識があったこともあって、石山は84年から２０１２年まで外部トレーナーとして関わっていた。鍼灸や柔道整復師などの資格を有するスペシャリストである石山は、月に2、3度は能代に赴き選手たちの体の状態を把握。大会ではチームトレーナーとして帯同するようになっていた。

　他の競技でも日本陸上競技連盟のトレーナーとして92年のバルセロナ五輪、96年のアトランタ五輪と2大会連続でオリンピアンの身体のケアを担当。日本ラグビーフットボール協会のトレーナーとしても国際大会などで貢献していた。そんなワールドワイドに活躍する男が、多忙のなか力を尽くしてくれたチームのひとつに、能代工バスケットボール部があった。

　選手たちに身体のバランス感覚を養わせたり、体幹の強化や肩甲骨に柔軟性をつけさせるためにウォーミングアップで逆立ちトレーニングを導入したのも石山だった。テーピング技術や身体の仕組みを解説する専門書など著書も多数あるくらい知識にも長けており、加藤は「専門分野の領域を侵さない」と全幅の信頼を置いていたほどである。

「プレーのことは一切口出ししない。選手の体をしっかりと面倒見てくれるスペシャリストでしたからね。だから、僕からの質問は『この選手は使えますか、使えませんか?』くらいでしたよ。その判断さえ早くしてもらえれば、僕もチームのプランをすぐに練り直したりできましたし、本当に助かっていましたね」

華やかな舞台の裏には多くの柱が立っている。

1本でも欠けたら崩れかねない。能代工にとってそれがマネージャーであり、控えメンバーたちであり、トレーナーだったのである。

盤石ではなかった9冠へのスタート

ショーは試合前からすでに始まっている。

能代工のメンバーが一列となる。リングが設置されるバックボードにボールをぶつけながら周回するタップは正確無比で、リズミカルに展開される。ボールを使ったウォーミングアップでは選手たちが思い思いにボールを操る。田臥のトリッキーなパス、菊地のスリーポイントシュート、そして1年生の長澤が挨拶代わりとばかりに豪快なダンクを決める。

観る者を虜にする様式美。ウォーミングアップから金を取れるチーム。それが能代工だ。

多くの関心が注がれるということはすなわち、それだけ彼らを知る者が多いということ。相手チームは能代工の映像を取り寄せ、徹底的に研究する。北谷と沖縄選抜で指揮を執った安里のように、田臥の攻撃パターンやパスのバリエーションを調べ上げる。菊地が得意とする、リングに対して45度の角度を封じ込めてスリーポイントシュートを打たせない。若月のリバウンドのポジショニングなども丸裸にしようと躍起になる。

優勝候補の大本命は、ウインターカップ初戦から苦戦を強いられた。

神奈川の法政大学第二高等学校相手に序盤から点差を広げられず、シーソーゲームが展開される。前半残り7分になろうとしたところで相手がタイムアウトを取り、そこから能代工はアウトサイドからのシュートを多投していく。オールコートのプレスディフェンスで法政二を敵陣で封じ込められるようになり、スティールも成功していった。前半残り5分を切る頃には42－34と突き放し、54－44と10点リードで折り返せた。後半も法政二の戦意を完全に喪失させるまでには至らなかったが、それでも99－77と〝ほぼ１００点ゲーム〟となった。この試合で田臥は32得点、菊地は5本のスリーポイントシュートを決めるなど24得点と、スコアラーがしっかりと役目も果たしていた。

結果的に盤石の勝利。９冠へ好スタート。

数字だけで判断すればそうなるだろう。研究されても振り切れるだけの地力はこの2年間もあった。そこに経験も付与されているとなれば誰もが勝利を疑わなくなる。

そんななか、当事者たちは危機感を抱いていた。菊地は心の動揺を表現する。

「例えば、僕なら『ドリブルをさせろ』というようなデータは出ていたと思うんです。法政二高とやった時もそこまで点差を離せませんでしたし、『やっぱり、簡単には勝たせてもらえないな。意外にヤバいかもしれないな』と思いました」

経験豊富な選手ですらちらつく不安。そういった負の要素を払拭していたのが、キャプテンでありコート上でも司令塔を担う田臥だったと、菊地が続けた。

「やっぱり田臥なんですよね。あいつが相手を崩すようなプレーをしてくれるんで空間が生まれてくる。だから自分たちはそこをうまく使って点を決めることができました」

能代工の強みのひとつにフリーオフェンスがある。

ポイントガードなどが番号を叫ぶと決まったパスワークに切り替わったりする、いわゆるサインプレー中心のセットオフェンスを採用している高校がほとんどのなか、能代工にはそれがない。彼らのフリーオフェンスとは以心伝心でボール運びが展開されていくことなのだ。それも、普段の練習からディフェンスを設けないスリーメンやファイブメンを重視するチームだからこそ体現できる連係であり、攻撃バリエーションの多い田臥が中心となることで相手からすれば予測不可能なディフェンスを強いられることとなるわけだ。

田臥は初戦から落ち着いてコート上でタクトを振ることができていた。それは、公式戦の初陣を誰よりも「重要だ」と位置付けていたからである。

「初戦って一番緊張するんです。ゼロからのスタートだし、トーナメントを勝ち上がっていくためには入り方ってなにより大切ですし。相手は『失うものがない』くらいの覚悟で向かってくるわけじゃないですか。僕たちとしても、それはそれで怖い。当時は今みたいにデータをそんなに揃えられるわけではなかったので、実際に戦ってみないとわからない部分が多く、何をしてくるかもわからなかった。だからこそ、いつもより丁寧にプレーして。そこで勝てれば『流れに乗ったな』と落ち着けていましたね」

いつもの能代工の呼吸。それは田臥が整える。

東北対決となった日大山形を１００-73と快勝。田臥はこの試合でも30得点と安定のパフォーマンスを披露した。そして、京都府立鳥羽高等学校との準々決勝でも、能代工はこの大会でチーム最多となる１０４点を叩き出して相手を圧倒した。トップスコアラーは菊地の31得点。若月も25得点とゴール下を制圧した。ところが、いつもなら30得点は当然と見られていた田臥が19得点に終わっていた。９アシストとパスは際立ったが、物足りない数字もあった。

本人は「相手のマークが厳しかった」と試合後にコメントしていたそうだが、体力が削られていたのもまた事実だった。

体調不良のエースを助けたチーム力

準決勝の前夜。疲弊が顕著に現れていた。部長の安保がこの時の状況を説明する。

「熱が出てしまって。食事ものどを通らないような印象でしたね。しんどそうでした」

田臥が38度を超える高熱でダウンしてしまったのである。

心配を向けると「大丈夫、大丈夫」と反応はある。睡眠は何よりの薬だとはいえ、少しくらいは栄養のあるものを摂らせないと翌日の試合に響く。マネージャーの前田がトレーナーの石山の指示で果物を買いに走った。

「あれは多分、プレッシャーからだと思うんですよね。ずっといろんなものを背負っていたわけですからね、田臥は」

盟友であり、マネージャーとして間近でサポートしていた前田は配慮する。「大丈夫だよ」と気丈に振る舞う田臥に、買ってきたイチゴを「食え！」と差し出す。そんな様子をチームメートに伝えると、皆が胸をなでおろした。

東京体育館に1万人もの観客が詰めかけた準決勝。田臥は石山や前田らの献身もあって、スターティングメンバーとしてコートに立った。

相手の宮崎県立小林高等学校は、95年に森憶《はかる》が監督に就任してから急速に力をつけたチームである。翌年には能代工に依頼して練習を見学するなど研究熱心で、97年にウインターカップでベスト8と全国でも実力を証明していた。1年生からチームを支えるエースの北郷《ほんごう》謙二郎は、98年夏にスポーツブランドのナイキが主催するサマーキャンプに田臥とともに招待されるほどの選手で、高校卒業後にアメリカの大学に進学することが決まっていた。

田臥と北郷。「エース対決」が期待された一戦。体調不良を押して出場している田臥の動きにキレがない。いつもなら手のひらに吸い付くように収まるボールもおぼつかず、パスも精度を欠いていた。北郷も3分過ぎに相手との接触で足を痛めて一時的に交代するなど、ファンが予想していたような華やかなエース対決とはならなかった。

速攻の能代工にスローペースで挑む小林を打破できた要因はハードワークだった。ことごとくシュートを外した相手のリバウンドを村山が奪い、田臥や扇田にボールを託す。そして、すでにゴール下で待ち受けている若月に回してゴールを決める。この流れがハマった。

「実は、私もあの試合ではやられてたんです」

若月が笑いながら打ち明ける。「やられていた」とは、田臥と同じように高熱を押して出場していたのである。

「試合前はいつもより覇気が出なかったですよね。でも、試合が始まっちゃえば気にならなかったです。負けるとも思ってなかったんで」

前半10分を過ぎたあたりから、田臥の動きにも少しずつキレが戻ってきた。ドライブで相手陣内に切り込み、壁を作るふたりのディフェンスの間を通して若月にパスを供給すると、観衆が「これ、これが見たかったんだよ！」と叫ばんばかりにドッと沸く。このふたりの連係が光るなど前半の時点で52-23と相手を大きく突き放した。

後半にチームを助けたのは控え選手たちだった。

96年のキャプテンだった田中学のような絶対的なシックスマンはいない。その代わり、リザーブ全員が重責を果たせるほどの選手層を誇っていたのだと、監督の加藤は言う。

「田臥、菊地、若月の『トライアングル』が盤石でしたけど、他の3年生も6番目、7番目をしっかりこなしてくれるくらい安心できる布陣でした。だから、もし下級生の堀、扇田、村山のパフォーマンスが悪かったとしても怖くないんです。それだけいい流れを作れるようになっていました」

田臥が後半10分あたりで一旦、コートに下がる。代わりに入った堀が、再び田臥が出場するまでのおよそ5分間で7得点と存在感を見せた。残り5分を迎えようとしたあたりに入った3年生の伊藤潤がスリーポイントシュート2本を含む7得点を挙げ、残り3分から出場した渡部直人も2得点と攻守でフォローした。

前半3得点と不発だった小林のエース北郷には後半に爆発を許してしまった。スリーポイントシュート7本を決められるなど26得点を与えたが、前半のリードが優位に働いた。

95-62。田臥は12得点だったが、菊地がスリーポイントシュート7本を含む31得点とトップスコアラーとなり、本調子でなかった若月も22得点とエースの穴を埋めた。スタメンと控え。チーム力が不安要素を打ち消す結果となった。

準決勝後の夜。

宿舎に帰るや、マネージャーの前田はすぐに田臥を寝かせた。少し起きたら栄養のある食べ物を摂らせて、また寝かせる。

決勝の朝。田臥のコンディションはほぼ正常に戻っていた。

一度もタイムアウトを取らず9冠達成

98年のスポーツ界は「神奈川イヤー」と呼ばれている。

正月の風物詩である箱根駅伝での神奈川大学の総合優勝を皮切りに、関東学院大学が大学ラグビー選手権優勝。「社会人野球の最高峰」と位置付けられる都市対抗野球で日産自動車が頂点に立ち、横浜が甲子園春夏連覇を達成した。そして、この熱狂を締めくくったとされているのが、プロ野球の横浜ベイスターズ（現：横浜ＤｅＮＡベイスターズ）が38年ぶりに日本一となった快挙である。

12月28日。

この日、バスケットボール界の中心にいたのが、神奈川出身の田臥だった。

市立船橋とのウインターカップ決勝で、能代工のエースが疾走する。

普段の練習ではシャトルランをはじめとするランニングメニューが苦手で、加藤やチームメートが「田臥は純粋に足が遅かった」と茶化すほどだが、ボールを持たせれば無類のスプリント力を発揮する。多くの選手がドリブルに集中するなか、田臥は「あの選手のところでターンして、どこでトップスピードを出そうか」と先読みする。そんな感性とスキルを持ち合わせているからこそ、魅力ある「速攻の能代工」のアイコンとなれた。

インターハイ合計３８１得点（１試合平均２３・８得点）

国体合計３０７得点（１試合平均２３・６得点）
ウインターカップ合計４０１得点（１試合平均２６・７得点）

1年生から3年間、エースとして能代工の中心であり続けた男は、高校最後の大会となるウインターカップの決勝でチーム最後の得点を決めた。

その11秒後に試合終了を告げるブザーが鳴る。

98-76。3年連続3冠の9冠。能代工としても節目となる50回目の日本一の達成である。

偉業を祝福するように、東京体育館のスポットライトが英雄たちを照らす。高校バスケットボール界の頂に到達した時のみ許される歓喜。想いを、それぞれが紡いでいく。

キャプテンの田臥が25年前の情景を描く。

「ユニフォームを着ているヤツらが喜んで、その後に前田の挨拶でベンチメンバーと応援団とみんなで喜ぶ瞬間が一番嬉しかったですね」

唯一無二の飛び道具で攻撃の爆発力を生んだ菊地がチームの和を強調する。

「ずっと支えてもらっていたし、仲もよかった潤と直人もコートに立っていて、最後は3年生５人で終われてよかったです」

監督の「怒られ役」を受け入れダイナモの如くハードワークを貫いた若月が胸をなでおろす。

「『いやぁ、ほっとしたぁ。よかったなぁ』って、安堵しかなかったです。もちろん嬉しいんですけど、みんなそっちのほうが強かったと思いますよ」

マネージャーの前田が自らの心情とチームの歩みを表現した。

『ちゃんと今年も3冠獲れた！』って嬉しかったけど、『これで終わりかぁ』ってちょっと寂しくもあった。それだけ壮絶で、濃い3年間だったから」

常勝軍団に訪れた、ひと時の安らぎ。

それは確かにあった。だが、前田は続けて、当時のリアルを再描写する。

「最後に出た3年生の控え選手がミスしてるんですよ。だから三彦先生、『よくやった』とかじゃなくて怒って終わってるんです。優勝したのに、9冠を達成したのにニコリともしないんですよ。自分らを浮かれ過ぎさせないために演じていたんでしょうけど、さすがだなって」

能代工の威厳、ここにあり。

チームを33回も全国制覇へと導いた前監督の加藤廣志の意志を受け継いだ監督は、誰よりも勝利の美酒を知る一方で、そこに至るまでの厳しき道程も熟知している。だからこそ、いかなる状況であっても隙を与えないよう努めていた。

その一方で、試合ではしっかり信頼も示していた。

加藤はウインターカップ5試合で、一度もタイムアウトを取らなかった。「こいつらなら大丈夫だ」と信じ切っていたからこそ、気丈に振る舞えた。心の深層はぬくもりに満ちていたのである。

「田臥、菊地、若月なんかは特に、1年から3冠を経験しているわけだから、学年が上がるごとにそれ以上を求められるわけですよね。口には出さなかったかもしれないけど、プレッシャーは半端なかったと思うんです。よく、そこに耐えて乗り越えてきたなって。田中や畑山たちの代も含めて、あの時代の全員がいたからこそ成し遂げられた結果だと思うんですね。あの3年間で10年分くらいの勉強をさせてもらいました。みんなに『ありがとう』と言いたいですね」

能代でのパレードとスピーチ

感謝の言葉は能代市民にも届けられる。

全国大会で栄冠を掲げると、能代工には帰参後に市内でのパレードが待っている。マネージャーとトロフィーを手にした選手を先頭に、沿道からの声援に頭を下げながらメインストリートである柳町商店街の中央を練り歩く。終着点となるジャスコに到着すると、階段に選手たちが整列して市民への感謝を述べる。

チームを代表してスピーチをするのは、伝統的にマネージャーと決まっている。

「ウインターカップでも優勝することができ、3冠を達成することができました」

ここでの内容と振る舞いによってマネージャーはおろかチームの質が問われるため、前田としてはプレッシャーだったのだという。

「パレードだけじゃないんです。市役所とか県庁での挨拶も僕が担当しますからね。そこで『なにを発するか』でチームが評価されるので。プレッシャーでしたけどプライドを持っていたので、本当に寝ずに原稿を考えていましたね」

原稿用紙にして2、3枚。監督の加藤からチェックはされるが、スピーチの本筋は前田に委ねられる。チームの歩み、選手の気概、能代市、秋田県への感謝……。それらを力強く明示できて初めて、「今年のマネージャーは違う」とお墨付きをもらえるのだ。

前田にとって何よりの評価は、卒業した今も「9冠のマネージャー」と言ってもらえることだ。

「まあ、俺らの代だけだと厳密には3冠なんですけどね。トータルで9冠っていうすごいことをやっちゃったもんだから、周りからすればそのイメージなんですよね。ありがたい話ですよ」

能代工にとってマネージャーとは、チームを映す鏡である。前田の佇まいを街が認め、世間もそれに倣う。積み重ねられた冠の全てが、今も彼らに託されている。

98年のチームは、9冠にふさわしい王者だった。

当時、仙台のポイントガードとして能代工と戦った柏倉秀徳さん。

9冠達成後の能代市役所での報告会。

1998年、ウインターカップで9冠を達成したメンバー。

第4章 無冠の憂鬱（1999年）

9冠後のキャプテン

ダム、ダム、ダム。

バスケットボールを突く音が等間隔で体育館に響いているかと思えば、ダム……ダムと、少し時間が経ってから重厚に弾む音が鳴る時もある。

パン、パン。キュッ、キュッ。

ドリブルを想起させる音だけではない。人の手にボールが渡る様子やシューズが床にこすれる摩擦の具合が、自由なバスケットボールの空間であることを克明に伝えてくれている。

新チームの中心的存在として期待されている堀里也は、日々のルーティンである全体練習後の自主練習を黙々とこなしていた。

2年前——チームの支柱でありながら、練習後にスリーポイントシュートを300本入れることを自らに課していたキャプテンの畑山陽一。半ば趣味だったかもしれないとはいえ、自分の肉体を極限まで高めようとストイックにウエートトレーニングに励んでいた小嶋信哉。当時、1年生だった堀は、名門・能代工ではそうした努力が大前提にあるのだと教えられた。

そして今、自分も先人たちの鍛錬を見習い、貫いている。

ただ先輩に倣ってシュートを打つだけではない。リングに対してあらゆる角度から放つシューティングはもちろん、リバウンド役として手伝ってくれている後輩から渡されたボールをフィニッシュにまでもっていく、ツーメンでのパスワークを経てゴールを決めるなど、実戦的なシチュエーションを想定した練習を心掛けていた。

これを１日３００本。全て決め終える頃には、時計の針が午後9時を指そうとしていることなど当たり前だった。体育館を最後に出るのは自分だったが決してひとりではなく、後輩の指導に精を出していたマネージャーの国塚清希と、ふたりの練習に付き合ってくれていた後輩数人も一緒だった。

「やべぇ！　早く帰んねぇと」

大急ぎで自転車にまたがり、自分たちが世話になっている長谷川下宿まで帰る。9時になると夕食を破棄されてしまう可能性があるからだ。食べ盛りの高校生が失う一食は大きい。しかし、女将から「遅い！」と怒られながらも食べさせてもらえる安心感がどこかにあったし、それ以前に、堀には自主練習を妥協するといった悪魔のささやきは皆無だった。

「3年生になっても『自主練はチームの最後までやる』っていうのを自分のなかで決めていました。僕は頑張ることに価値を見出していたんで」

9冠後の能代工。

田臥勇太、菊地勇樹、若月徹を中心に前人未到の大偉業を樹立したチームの意志を引き継ぎ、堀はキャプテンとしてチームを牽引する重責を担うこととなった。

全国制覇を引っ提げ能代工へ

新潟の少年時代。ブラウン管に映し出されていた高校生のプレーに釘付けだった。

10歳だった1991年に能代工3冠の中心にいた小納真樹と真良の双子の兄弟。その翌年には、インターハイ制覇とウインターカップ準優勝の原動力となった土浦日本大学高等学校（茨城県）の平岡富士貴のプレーにも魅了されていた。

中学生になった堀は、彼らのようなプレーヤーとなっていた。

卓越したゲームメークと得点力。新潟市立鳥《と》屋《や》野《の》中学校では、肉体が勝手に反応するようにボールを持てばゴール下に切り込んでいた。自分がマークされていれば意表を突いてスリーポイントシュートを放つ。あるいはアウトサイドで控えるシューターにボールを回す。シュートがリングに嫌われればセンターの村山範行が抜群のリバウンド力を生かしてボールを奪取し、ゴールを決めてくれる。それが、堀がキャプテンとして率いる鳥屋野中だったが、チームメートから言わせれば「自分はワンマンだったらしい」と頭を掻く。それほど、チームでの堀は絶対的な存在だった。

小納兄弟や平岡に憧れていたように、高校は県外志向だった。

地元には全国大会の常連でもある新潟県立新潟工業高等学校と新潟商があった。だが前者は、兄がバスケットボール部ＯＢだったため「他の高校に行きたい」と最初から選択肢に入れていない。

後者は、ビッグマンにボールを供給して得点を重ねるスタイルが自分には合わないと思った。

中学3年になった時点ですでに強豪校からマークされていた堀は、全国大会を間近に控えたある日、父親から覚悟を問われた。

「能代工業に行きたいって言ってたけど、本気か?」

「本気で行きたい」

「じゃあ、全中で頑張れ」

堀は全国の舞台で有言実行を果たした。決勝の相手である豊栄市立（現：新潟市立）木崎中学校は勝山祐樹と藤田浩二の大型選手が軸の強豪で、県大会と北信越大会で敗れていたが、全中では「新潟対決」を制して優勝した。敗れた木崎中の藤田がこう悔しがる。

「全国の前に2回も勝ってたので、あの決勝も『いけるな』と。油断していたのが最大の敗因ではありますけど、堀は『ここで止めないといけない』って場面で1本を決めてきたり、嫌らしいというかゲームを読む力が当時からありましたよね」

そして堀は、「全中優勝」という手土産を引っ提げて能代工に進学することとなった。北陸や愛工大名電といった強豪からも誘われていたらしく、「きっとそっちに行くんだろうな」と思っていたチームメートの村山も、堀が能代工に行くことを知り同じ道を歩むことを決断した。

1年生の能代カップからメンバーに選出されたことからも分かるように高校入学直後から頭角を現していたが、当時の堀はいかんせん尖り過ぎていた。

監督の加藤三彦に怒鳴られると、渋面を作りながら睨み返す。

「堀、やめろ！」

３年生マネージャーとして、そういった場面を制止していた西條佑治が弁明する。

「堀はすごい能力がありました。でも、下級生としてはあり過ぎたんです。性格的にも我が強いから納得がいかない時とかは顔に出てましたよね。でもね、それだけ自分があるということなんです。そういうところで三彦先生とはそりが合わなかった部分があったんでしょうけど、堀の実力は先生も絶対に認めていたんです」

２年生になると、不動のポイントガードだった畑山が抜けた穴を埋める役割を担ったが、田臥とフィットせず試合の序盤で交代させられることも珍しくはなかった。エースである先輩とコート上で呼吸を合わせるためには黒子に徹することを求められていたが、堀は牙をむき出しにしながら前へ、前へと突き進むバスケットボールを展開してしまう。

その度に加藤にどやされ、また悪態をつく。

俺を認めてほしい……認めてくれ……認めさせてやる！

エゴイズムが負の形で現れてしまっていたのは、堀が純粋で、愚直だったからだった。それは、田臥たちのようなスターが不在でありながら４年連続３冠の「12冠」というさらなる未到の地への到達を背負わされることとなる世代で、キャプテンを志願したことからも理解してもらえるはずだ。不器用かもしれないが、どこまでも責任感が強い男。それが、堀なのだ。

そんな自分を嘲るように回想する。

「意固地なところがありましたからね。それが後々、結果にも表れていくっていう」

「164」で途切れた公式戦の連勝記録

躓きは、堀たちが3年生になる前から起こっていた。99年2月に行われた新人戦、東北新人大会の決勝は因縁の相手である仙台だった。

能代工は最初からリズムをつかめていなかった。象徴である速攻も、攻撃が始まってから「30秒以内にシュートする」といったルールの制限いっぱいまで時間を使って攻めてしまう。コートサイドから加藤が「いつからそんなに時間を使うチームになったんだ！」と叫び声を上げるほど、能代工らしさからかけ離れたバスケットボールだった。

テンポが悪いためミスも目立つ。前半終了時に19点差をつけられていた試合は、その差が逆転することなく終了のブザーが鳴る。73‐83。およそ3年前、96年6月のＮＨＫ杯で同校に敗戦してから、高校の公式戦で勝ち続けてきたチームの連勝記録は「164」で途切れた。

敗北を喫したとはいえ、これがチーム力の低下とイコールだと判断するのは早計だとわかっていた。この頃の能代工はベストではなかったのである。シューターとしても、フォワードとしても機能できる万能選手、板倉令奈が前年の秋に右足を骨折してからまだリハビリの途中だったし、田臥たちの代から期待されている身長１９６センチのビッグマン、長澤晃一もまだまだ本領発揮とは言えないパフォーマンスだったからだ。

　だから新キャプテンの堀も、そこまでの落胆はなかった。

「僕らが３年生になる前の大会だったので、あの時はまだ『下を何とか』っていうように思っていましたね。２年生の時の田臥さんみたいに、自分のことよりも下級生のほうに目がいっていたような気はします」

　長澤と同じく田臥たちの世代で１年生からメンバー入りし、新２年生を迎えようとしていた小野弘樹の言葉にも、悲壮感は伝わらない。

「堀さんは鳥屋野中時代の全中決勝も観ていたし、前々からすごい選手ということは知っていましたけど、そんな方も一緒になって教えてくださったりしていましたよね。先輩たちはつらかったかもしれないけど、あの時期は楽しかったかもしれないです」

　しかし、絶対王者の敗戦という事実を突きつけられた周囲は、そんな彼らのバックグラウンドを無視するかのように煽り立てる。矢面に立たされるのは、いつもキャプテンの堀だった。

「９冠後のチームということで、プレッシャーはないですか？」

　メディアからそんな質問を向けられるたびに、少し冷淡に思えるくらいの口調で答える。

「特にないです。自分たちのバスケットボールをやるだけです」

　ムキになっていた当時の自分について、堀はこのように落ち着いて分析する。

「そう言われれば言われるほど『別に』って。でも、思い返すとそう応じていることがプレッシャーの表れだったのかな。ほかの言い方ができなかったのかなと、我ながら思っちゃいますよね」

堀たちの世代のバスケットボールはまだ固まっていない。ポイントガードは前年のレギュラーだった扇田正博がファーストチョイスだったが、1年生からメンバー入りする小野と金子伸も候補だった。センターとフォワードもこなせる村山は固定だったが相方となる長澤は未成熟で、復帰したシュート力の高い板倉が務めることもあった。流動的であり、どこか不安定。それは、ちょうど1年前も同じだ。田臥、菊地、若月と不動のトライアングルこそいたが、チームの支柱であるポイントガードとセンターは探り探りの状態だった。だから、自分たちもやれると思っていた。

「競っても勝てる」という感覚の麻痺

5月の能代カップでは全勝優勝。発展途上のチームは、結果を残していた。

勝利とは自信を植え付けさせてくれる何よりの良薬である一方で、本当なら直視しなければならない現実をも惑わす麻薬にもなりえる。

中学時代から堀と村山を知る、木崎中から新潟商に進んだ藤田は、能代カップでの能代工のちょっとした異変を感知していた。それは、前年に出場した際には2年生のスモールフォワードで、この年は本職のパワーフォワードだったというポジションの違いがあったからかもしれない。

田臥たちのいた前年は、ドリブルすら気が抜けなかった。プレーヤー心理としては間をとるためや、昂ぶる気持ちを静めるために無意識にボールを突いてしまう瞬間がどうしてもあるのだが、能代工はそこを狙いすましたようにスティールしたり、一瞬の隙すら許してはくれなかった。ボールを繋ぐだけのプレーにしてもそうだ。パスの出しどころを探るため少し周囲を見渡して正面を向くと、すでにプレスを仕掛けられているのである。

チームは敗れたとはいえ、藤田はそういった圧力がこの年には感じられなかったというのだ。

「田臥さんたちがいた時の能代工業は怖かったです。僕も３番（スモールフォワード）から得意とする４番（パワーフォワード）に変わっていたし、１年間で力をつけていたこともあったからだと思うんですけど、３年の時はそこまで脅威には感じなかったですね。相手に挟まれたりしても、攻められるようにもなっていたので」

そう思われていたところで、前年の高知インターハイでベスト４だったこの新潟商や大阪府立東住吉工業高等学校（現：東住吉総合高等学校）など全国大会の常連が集結する能代カップで全勝できたことは、十分すぎるプラス材料ではあった。

今年もいける——。手応えの確証をより強めたのが、インターハイのシード権を争う６月のＮＨＫ杯だった。

１回戦と準々決勝は１００点ゲームで快勝し、準決勝でも大型選手を集める日大山形との接戦を制した。そして、決勝の相手となった仙台戦でも好調を維持する。

堀、村山、扇田、畠山純也とオール３年生のスターティングメンバーで挑んだこの試合、４か月前に土をつけられた宿敵相手に序盤から主導権を握り最大25点差と優位に試合を運んだ。後半に追い詰められ最終的なスコアは75‐69だったが、加藤は試合後のインタビューで「追い上げる練習はしてきたけど、逃げ切る練習はしてこなかったなかで勝ち切ったことが大きな収穫」といった趣旨のコメントを残していた。

普段は厳しい監督ですら及第点を与えるバスケットボールを展開しての優勝。インターハイを前にチームの状態は能代カップからまた一段階上がる。勝利という成功体験を重ねていくなかで、プレッシャーという息苦しさから少しずつ解放されたような雰囲気が、チームには漂っていた。

しかし、キャプテンの堀は、その空気を「麻痺」と言い表した。

「自分たちの代って、入学した時からほとんど大差でしか勝ってきてないわけじゃないですか。『相手と競り合う』という経験がそもそもないなかで新チームがスタートして、東北新人では敗けましたけど能代カップで勝って、ＮＨＫ杯でも仙台に競り勝って優勝できた。そのあたりから『競ったけど勝ったしな』という雰囲気というか、勝てる印象しかないというか。感覚が麻痺していたところはあったと思います」

勝利への渇望を失いかけていたチームの本能を、半ば強引に叩き起こされるような出来事が訪れたのは、インターハイの足音が近づいてきた７月だった。

監督、キャプテン、マネージャーの揺らぎ

99年のバスケットボール界は若き蕾が世界で花開こうとするシーズンでもあった。

7月にポルトガルで開催された世界ジュニア選手権（現：U19ワールドカップ）。初出場だった91年以来2度目の出場となった日本代表は、田臥、菊地、若月を中心とした「田臥世代」の精鋭たちが集結し、高校生からは長澤も招集されていた。この大会で日本は全敗の16位だった前回大会を上回る2勝6敗の全体14位と善戦した。

監督の加藤が全日本ジュニアのコーチとして大会に帯同していたため、この約1か月間、能代工はインターハイへ向けて選手だけで調整を行っていた。

平日の体育館では時計の針が午後4時を指した瞬間から空気が張り詰める。ウォーミングアップからボディコントロールなどのフットワーク、スリーメン、ファイブメンを経て5対5の紅白戦などが展開されていく。マネージャーの国塚が、この1か月間の歩みを語る。

「高校生としては、先生がいないなかでもよく緊張感を持ってやれたかなと思っていたんです。与えられたメニューを淡々とやるだけじゃなくて、そのなかで誰かが声を出して盛り上げたりしながら。ルーズボールに突っ込んで壁に激突して、頭から出血するヤツもいたくらい気合いが入ってたんですよ。決して浮ついた雰囲気ではやってなかったんです」

敗北の苦みを知らないチームとはいえ、例年、新チームが始まる時には加藤から「これまでの実績は先輩たちのものだからな」と念を押されているため、たとえ勝利への感覚が麻痺していたとはいっても緊張感は出せていたし、雰囲気だって悪くはなかった。

その空気が、監督が現場に戻ると一変した。

すこぶる機嫌が悪い。ウォーミングアップから怒号が飛び、選手たちが困惑する。「俺たち、なんかやった？」と、疑念だけが増幅されていく。

毎年恒例のOB戦で、それが爆発した。

加藤から「調子がいい選手は誰だ？」と聞かれると、国塚は「小野です」と即答した。監督が不在の間、この2年生はマネージャーの目線からも自信を持って推挙できるほどのパフォーマンスを発揮していたからである。ところが、小野は萎縮からか本来の力を見せられず「どこがいいんだよ！」と、国塚が監督から叱責を受ける。

だって、いねぇ間に本当によがったんだし……。

国塚が心で悪態をつく。ほとんどの選手がそういった心情を抱えるなか、あからさまに反抗的な態度で応戦したのがキャプテンの堀だった。

「新潟に帰れ！」

パフォーマンスに対して露骨な不満をぶつけられる。

今までいなかったくせに、なに言ってんだこの野郎――！

口にこそ出さなかったが、瞳孔を開いて睨みつけながら監督に歩み寄るとタオルを投げつけられた。堀は引き下がらないどころか、あえて平静を装い「タオルです」と返す。また投げつけられ、返す。加藤が明後日の方向へタオルを投げ、それをわざわざ拾いに行って手渡すと、「いいから帰れ！」とまた怒鳴られた。

「もうやめろ！」

不毛とも言えるやり取りを制止した国塚とともに部室へと引き下がると、マグマのように溜まっていた堀の怒りが爆発した。

「いなかっただろ、あの人！　俺らは国塚たちとちゃんと準備してきたんだぞ！」

怒鳴り散らすだけでは収まらず、ロッカーが変形するまで殴り倒した。

その場でキャプテンを落ち着かせようと努めていたマネージャーは、監督の腹心として中立の立場を担わなければならなかったが「最悪な雰囲気」に支配されつつあった。

「2年間、あの勝ち続けていた先輩たちですらＯＢに追い込まれて、三彦先生に叱られて『大変だな』とは思っていたんで自分たちの代でも覚悟をしていたんですけど、ＯＢ戦の前からお互い険悪だったわけじゃないですか。自分でもなにをしていいのか全く分からない状態でしたね。『なにをすれば認めてもらえるの？』ってくらい怒られっぱなしだったし、みんなピリピリしてましたから」

いくら常勝のエキスを心身に宿した能代工の選手であったとしても、「9冠後のチーム」という特殊な環境に置かれていたのである。

加藤はその特殊性について、「基準」という言葉を用いながら厳しく指導した背景を語る。

「現在進行形で言うなら、世間にとって勝った年がチームのスタンダードになるわけです。要するに堀たちの世代は、『9冠の次の年』という誰も想像できない領域でプレーしなければならなかったんです。キャプテンの堀ならば、96年の田中（学）、97年の畑山、98年の田臥。マネージャーの国塚であれば、金原（一弥）、西條、前田（浩行）。それぞれ3冠を獲った世代の先輩たちと比較されてしまうわけなんです。それが、どれだけ半端でなく大変なことなのか。そういうことを伝えたかったわけですけど、僕自身、十分に伝えきれていなかったこともあって、彼らは中途半端に自分たちの立ち位置というものを確立してしまったんじゃないかなと」

堀にしても、今ならば加藤のこのような深みのあるロジックを咀嚼することができる。だからこそ、当時の自分を「幼かった」と認めている。

「3年生にもなって『なんでこんなに言われなきゃいけないのか?』と納得できないところとか、怒られた時の表現の仕方とかに幼い部分はありましたよね。じゃあ、プレッシャーがそうさせていたのかっていうとそうではないんですね。やっぱり、勝てるものだと思っていたなかでいい準備ができていない焦りがあったのかもしれないし、その原因のベクトルをしっかり自分たちに向けられなかったというのはありましたよね」

この頃の堀たちは、すでに余裕がなくなっていた。チームを省みればわかる。

1年前の田臥たちが畑山と小嶋が抜けた穴を堀たち後輩に託すため育てたように、彼らにも最初はその意思があったのだ。それが、監督と選手が心とバスケットボールの足並みを揃えていかなければならないインターハイ直前に軋轢が生じ、溝が深まってしまったのである。

堀たちは、自分のことで精一杯となっていた。ただし、それが許されないのが能代工であり、田臥たちの世代との決定的な差でもあった。

「本当にそうだと思いますねぇ」

堀が大きく息を吸い、当時の自分を憐れむように言葉を吐く。

「前年からの経験がある選手が少なかったこともあるのかもしれないですけど、『この状況をみんなでなんとか打開していこう』みたいな雰囲気にもならず。そりゃあ、長澤をもっとなんとかしないといけないとか、そういう気持ちはありましたけど、もう、本気で『下を何とか』というような思考には全くなれなかったんですよね。なにせ3年生が怒られてますから。『なんで俺たちばっか。それは違うだろ！』という感情が上回ってしまっていました」

重苦しいムードを拭い去れぬまま、能代工はインターハイを迎えるのである。

静の国塚と動の堀が挑むインターハイ

99年。夏の岩手は賑わっていた。

8月1日から3日間、盛岡市のメインストリートである中央通が舞台となる盛岡さんさ踊り。のべ3万5000人が太鼓や笛を奏でながら艶やかな舞いを披露する、この年で22回目を迎えた岩手県随一の夏祭りである。現在も東北6県で知名度の高い祭りが一堂に会す「東北絆まつり」にラインナップされていることからも、いかに県民から親しまれているかがわかる。

この一大イベントと同日に開幕したのが、「高校スポーツの祭典」インターハイである。

スローガンは〈飛びたとう　岩手の空に　夢はせて〉。高校生らしい躍動感とは裏腹に、能代工の空気は沈んだままだった。

大会期間中のマネージャーは、監督にタイムスケジュールを逐一、報告する義務があった。朝の習慣となっている散歩に食事、ミーティングの内容や対戦相手のデータ提出……加藤の部屋へ行き、それらを告げてもほとんどが無反応だった。

選手たちから一目置かれるマネージャーは、その度に独りごちていた。

「なにが、監督の右腕だよ」

秋田市で生まれ、1歳から小学6年生の夏まで能代市で過ごしてきた国塚にとって、父親の清光がOBでもある能代工バスケットボール部は日常の一部だった。秋田市内に戻っていた秋田市立外旭川中学校時代は、シューティングガードのキャプテンとしてチームを全国大会へと導いた。その実績が認められ、幸運にも憧れの能代工から誘いを受け迷わず入学を決めた。

国塚の2学年上の西條がプレーヤーにこだわりながらも受け入れ、1学年上の前田浩行が「その他大勢になるのが嫌だった」と承諾したのに対して、マネージャーとなった明確ないきさつについて国塚は、「あまり覚えてない」と言う。記憶しているのは、プレーヤーとして突出したスキルがあるわけではない旨を加藤から言われたが、マネージャーの打診を直接受けたわけではなかったこと。あくまで自然の流れとして2年生時にBチームのマネージャーだった大久保岳由喜のサポートをし、前田の不在時にAチームのマネージャーの代行業務を任されるようになったことだった。

国塚にとって西條は、後輩の誰もが口にしていたように「優しい先輩」。前田は威厳の体現者のような男だった。下宿でのオフタイムでも隙がなく、能代工の完璧なマネージャー像と捉えていた。2年時の卒業式の日のこと。下宿の部屋に戻ると、ジャージーなどの衣類一式が畳んで置かれていた。前田が着用していたものだった。継承や惜別の言葉はなかったが、国塚にとってはこれだけで十分だった。

「そういうところで、『新チームになったら自分がやらなきゃいけないのかな？』ってだんだん思うようになっていたなかでマネージャーをやることになりました。前田さんは何も言わずに自分の物を譲ってくださって。俺、それがすごく嬉しくて」

国塚はふたりの先輩とは異なる性質を携えたマネージャーだった。

新チームになってから互いによく相談しあったという、同じ下宿だった堀によると「心配性」らしいが、それはおそらく国塚が几帳面だからだろう。バスケットボールのことは加藤に、学校生活のことは部長の安保敏明に指導を受けるなか、国塚は「言われたことをちゃんとやりたい」と堀たちに訴えようとする。かといって、「マネージャーの俺がなんでもやらないといけないんだ」といった過剰な使命感があるわけではなかった。

　この世代は村山や扇田など自分を表に出さない選手が多く、だからこそ、直情的な一面は玉に瑕だとしても、監督だろうがチームメートだろうがしっかりと意思を明示できる主体性の強いキャプテンの堀の存在はありがたく、頼りにもしていた。

「堀はああいった真っ直ぐな性格ですけど、チームのなかで浮くようなことは全然なかったですからね。逆にもっと堀を中心にチームを動かしてほしかったくらいです」

　静の国塚と動の堀。両者はウマが合った。

「ふたりで緊張感を持たせてチームを作ってきたんだし」

　そう自負していたからこそ、ＯＢ戦でのやり取りのように中立ながらもキャプテンの肩を持ちたかったし、感情的な考えをしてしまうことも少なくなかった。

　ただ時折、ふと冷静に監督を俯瞰しているマネージャーとしての眼もあった。

「監督、元気ねぇのかな?と思うこともあったんですよ」

　そういって国塚は、自分が察知した中身を話す。

「田臥さんたちの代が卒業してからなんとなく、ですよ。そう感じることがありました。ゲームの時とか私が作戦盤を床に置いたり、何か準備している途中に監督を見ると、なんかこう、しんどそうにしていたり。今にしてみれば、そりゃあそうだよなって。だって、田臥さんたちの代を3年間、作り上げて理想のチームにしたわけじゃないですか。そこで9冠というすごい結果を残した後に、もう1回モチベーションを上げられんのかなって思いますよね」

だからといって、国塚は選手と監督との間に生じた溝が簡単に埋められるものだと思っていなかったし、前向きに修繕しようとも考えられなかった。

「こんなんで勝てるわけがないよな」

チームの気持ちは沈んだままだが、コートに立てば能代工は貫録を印象付ける。国学院大学久我山高等学校との初戦で79-30。ロースコアながらも倍以上の得点差をつけた。

コートの中心人物は堀である。田臥の後継としてシューティングガードを務めるキャプテンは、2年生の時まであったようなエゴイズムを強調しない。ポイントガードの扇田からパスを受けると、瞬時に周りを見回して的確に配球する。田臥のノールックパスのような派手さはないが、目線とは逆方向へ巧みにパスを通すプレーも無難にこなす。ドライブでペイントエリアに切り込むシーンもあるが、それよりもコートを掌握するように仲間を活用しながら自らもポジションを確保し、得点を決める。堀にはそんな巧さがあった。

それは監督の加藤も認めているほどだった。

「2年生までの堀は、多分『ポイントガードはこうあるべき、点取り屋はこうあるべき』というものが、それまでの自分の経験のなかで確立されていたんでしょうね。そこから学びがあって、3年生になるとチームの状況が悪い時は扇田にポイントガードを任せて自分が点を取る。あるいは、周りに点を取らせて自分がポイントガードの役割をこなすという、ゲームをコントロールできるキャプテンになっていきましたよね」

長崎代表の瓊浦《けいほ》高等学校との３回戦でもチームは機能した。

試合序盤から堀がパスワークの起点となり得点を演出する。前年の菊地のような高確率の飛び道具を有する選手はいないが、畠山がシューターとして奮起する。そして、ゴール下を制圧しながら着実に２点を積み重ねていく、そんなバスケットボールが展開されていた。前半だけで55－21とダブルスコアを付けて迎えた後半も、能代工優勢の流れは変わらなかった。

残り11分を迎えようとしたところだった。

すでに敵陣まで走っていた堀がスティールした味方からボールを受け取る。フリーの状態であるイージーバスケットボールとなり、レイアップシュートを決めるべく右足を踏み込もうとした瞬間、大きくスリップした。その際に転倒を回避するべく踏ん張ったことで捻挫してしまったのである。

この時点で27得点をマークしていた能代工のエースは、顔を歪ませ、足を引きずりながらコートを後にした。セーフティリードだったこともあってメンバーを頻繁に入れ替えながら試合を運べていたが、堀が不在のコートはどこか連係がとれず、相手にペースを握られているようにも映った。

１０７－57と大差で準々決勝進出を決めたが、失ったものはあまりにも大きかった。

捻挫は思った以上に深刻なようだった。これまで能代工の選手たちの身体のケアを担当し、「陰の功労者」とも呼ばれているトレーナーの石山信男が応急処置を施してくれるが堀は意気消沈していた。翌５日の新潟商との準々決勝では試合前に痛み止めを飲み、右足首をテーピングでガチガチに固定して臨んだが、不安は取り除かれることはなかった。

新潟商からみた能代工との戦い

「堀が捻挫したらしいぜ」

準々決勝で能代工と対戦することが決まった新潟商の選手たちの話題は、瓊浦戦で右足を負傷した堀に集中していた。仲間内では誰かが「これはいけるかもしれねぇな！」と勝利への期待を口にする。パワーフォワードの藤田も、相手が「エース不在」と万全でないにしても勝てるのなら越したことはないと、その場のノリに同調している自分を感じていた。

藤田にとってそれだけ、堀のいる能代工にはどうしても勝ちたかったのである。

「あの借りはいつか必ず返したいとずっと思っていて。それくらい本当に悔しかったので」

藤田が強調する「借り」とは中学時代にあった。

木崎中での藤田は、当時からチームメートだった勝山とともに新潟では名の知れた選手だった。ゴール下を主戦場とするふたりのコンビネーションは抜群で、そこを徹底的に鍛え上げたのが監督の富樫英樹だった。２０２２年のウインターカップで開志国際高等学校（新潟県）を初優勝へと導いた監督。Ｂリーグ千葉ジェッツのポイントガードで、23年のワールドカップで日本代表キャプテンを務めた富樫勇樹の父としても知られている。

「当時はめちゃくちゃ厳しかったですよ」

そう回想する藤田は、勝山とともに富樫からゴール下の基礎を叩き込まれて行くなかで、絶対的なコンビプレーを生み出していった。

オフェンスの場合、ふたりがペイントエリアの両サイドに陣取りリバウンドを狙う。相手フォワードやセンターはそれを阻止しようと自分たちの前でポジションを確保する、スクリーンアウトを仕掛けてくる。こうなると、必ずと言っていいほど藤田か勝山のいずれかのマークが手薄になるため、どちらかがフリースローラインあたりのハイポストへと上がりスペースを作る。相手ガードはスリーポイントラインで張っているシューターやドリブル突破を狙うシューティングガードも警戒しなければならないため、どうしてもハイポストが空きがちになる。それは、「ミドルショットは実は成功率が低い」というバスケットボールの定説があるからでもあった。

藤田と勝山はそれを利用した。どちらかがハイポストに上がり、ボールが渡ればシュートする。リングに嫌われれば相方がリバウンドを奪取してくれるという信頼があるからだ。ここへボールが渡らない場合は、ほかの味方がスリーポイントシュートかドライブを仕掛けることになる。そうなればふたりがかりでゴール下のせめぎ合いに参加すればいい。これが、ふたりの象徴的な攻撃パターンとなり、阿吽の呼吸で体現できる武器へと昇華させていった。

中学入学当初は１７０センチそこそこだった身長も３年になると１９０センチまで伸び、同じくビッグマンだった勝山と形成する守備は相手にとって脅威となっていた。しかし、すでに述べている通り、堀と村山のいる鳥屋野中に県大会と北信越大会で勝利していながら、「新潟対決」となった全中の決勝では敗れた。これが、藤田の胸に深く刻まれることとなったわけだ。

木崎中の要でもあったふたりは、実は能代工からの誘いがあったのだという。

中学バスケットボールを引退し、進路を決める時期となったある日、新潟駅前のレストランで富樫と勝山と3人で食事をしながらその話を聞かされた藤田は、瞬間的に心を躍らせていた。

「田臥さんが1年から有名だったし、ビデオとかも観ていたから『ぜひ行きたい』と一瞬、思ったんですけど、堀と村山も能代工業に行くことが決まっていた時期だったのかな？　そういう話も富樫先生から聞かされたので、冷静になれた部分もあったというか」

新潟市から能代市までは、特急列車と在来線を乗り継いで5時間以上はかかる。中学生だった藤田は、純粋に「遠いし、地元の新潟商業がいいかな」と漠然と思い描くようになっていた。勝山もその意向が強そうだった。そんな折、「北海道からすごいガードが来る」と知らせが入ったことも決め手となり、新潟商へ進むこととなったという。

自身も現役時代にセンターだった新潟商監督の佐藤正のバスケットボールは、藤田と勝山にすぐフィットした。ゴール下にボールを集め、高さで勝負する戦術はふたりをより生かした。木崎中時代に富樫から叩き込まれたコンビプレーも高校で採用され、なにより「北海道から来た噂のガード」木村匡宏はスリーポイントシュートの成功率が高かったことで、3人による攻撃はたちまち機能した。明確なチームのトップスコアラーこそいないが、3人の連係によってそれぞれ20得点以上を叩き出す試合が多く、新潟商はこの「3本の矢」がチームの柱となっていった。

全国の手練れが集結する能代カップにも98年から2年連続で招待された。能代工には連敗を喫していたものの、藤田としてはこの年の能代工に田臥たちがいた時ほどの脅威を感じていなかったし、インターハイでは堀が万全ではない。まさにリベンジの千載一遇のチャンスだったわけである。

能代工を破った勢いでインターハイ制覇

インターハイ準々決勝。新潟商にとっての大一番が始まると、試合開始早々に手負いのエースがタクトを振る。能代工の切れ目のない速攻によって0‐11と瞬く間に点差を広げられてしまうなど、いきなり出鼻を挫かれたのである。

「やっぱり堀だ。能代はあいつがいるだけで嫌らしいチームになる」

藤田が改めてそのことを痛感したのは、そこから間もなくして堀がベンチに下がってからだった。司令塔がエースから2年生の小野に代わると、新潟商に流れが傾く。藤田と勝山のゴール下からのシュート、木村のスリーポイントシュートとトリオが円滑に機能すると前半14分には逆転に成功。一時は最大で15点差をつけるなど44‐31でゲームを折り返した。

「能代には攻め手がないって感じがしました。村山はリバウンドを頑張っていましたけど、扇田はパスとディフェンスはできるけどシュートは入らないし、点が取れる板倉は自分が付いていたからそこまで動けていないようでした。そこに堀がいれば、パスを回したり自分でシュートしたり、いろんなパターンが生まれたと思うんですよ。だから堀です。エースの堀がいなくなって、能代工業は明らかに調子を崩しましたよね」

藤田のこの解説を裏付けるのが後半である。

堀が後半のスタートからコートに立つと、新潟商は再び主導権を握られた。開始から7分ほどで15点を返されると、12分には61-61と試合を振り出しに戻される。足を引きずりながらもゲームメークする相手エースにリズムを狂わされ、同点とされた直後にはチームの支柱であるセンターでキャプテンの勝山が5ファウルで退場してしまったのである。

「やべぇな……」

ゴール下でコンビを組む藤田も、この時ばかりは動揺した。

「このあたりから結構、お互いに当たりが激しくなってファウルが混んできた時間帯だったんです。勝山が退場した時はちょうど能代ペースだったんで、交代した2年生のディフェンスをカバーしたり、大変と言えば大変でしたけどね」

心の揺らぎこそあったが、藤田は我を失うことはなかった。

攻守でハードワークができる村山とマッチアップしていた勝山が退いたのなら、自分がここを引き継ごう。能代工の2年生センター・長澤は全日本ジュニアにも選出されるほどのプレーヤーではあるが、リバウンドだけ注意すれば脅威ではない。だから、そこを2年生に任せよう――そう分析していたのである。

この切り替えが、また新潟商に勢いを取り戻させた。残り2分を迎える頃には76-67と9点差とした。30秒後には一気に4点差まで詰め寄られるも、能代工は小野が5ファウルで退場するなど波に乗り切れず、新潟商ペースのまま最終盤へと突入した。

藤田には忘れられないシーンがある。

敵陣でオールコートのプレスディフェンスを仕掛けてくる能代工に対し、新潟商は藤田を走らせて木村がロングパスで繋ぐ戦法をとる。アメリカンフットボールのタッチダウンパスのように藤田がボールを受け取る。「マズい！」と明らかな焦りを顔中に漲らせながら村山が追ってくる。その形相を確認すると一気に落ち着く自分がいた。

「ここでフェイクかけたら、絶対に引っかかるな」

村山に追いつかれる。ここで藤田がフッとシュートモーションを見せると、相手は見事にジャンプしてブロックしようと応戦してきた。それをあざ笑うかのように時間差で藤田が飛び、シュートを決めた。これを立て続けに2本。事実上、雌雄は決した。

86-79。

新潟商のみならず、高校バスケットボール界にとっても歴史的な勝利となった。

藤田がしみじみと話す。

「やっぱりチームプレーって大事なんだなと、つくづく思います。勝山が退場していなくなっても、みんなでカバーし合えたから勝てたと思っているし、逆の立場から言えば、堀がいれば能代だって絶対にチームが機能していたと思うんです。そうなれば、多分うちは敗けてました。どんなにうまいヤツがひとりで頑張っても勝てないのがバスケットボールなんだなと、今でも思います」

歓喜に沸くチームは、はしゃぎにはしゃいだ。ロッカールームに引き上げる際も、絶えず雄叫びが飛び交っている。

「おっしゃぁ！」

藤田も叫んでいた。あまりの嬉しさに周りが見えなくなっていたのか、ロッカールームの扉を開けた瞬間、血の気がサーッと引いた自分を覚えている。

「間違って能代の部屋、開けちゃったんです。『あ、すいません……』って」

１９３センチの巨体を瞬時に折り曲げて、素早くドアを閉める。

「お前、なにやってんだよ！」

陽気に茶化すチームメートに「わりぃ、わりぃ」と笑顔で返すも、敗者の現場を見てしまった藤田の胸中は複雑だった。だからこそ、改めて思った。

「能代に勝った勢いを、絶対に次に繋げないとダメだ」

新潟商はこのインターハイで初優勝を成し遂げた。

「バスケの街」の厳しい愛情表現

ロッカールームがお通夜のような雰囲気だったのかどうかも、堀は記憶していない。

インターハイに乗り込むチームはどん底だったが、自分たちのこれまでの歩みをたどっても「敗けるわけがない」と思っていた。

だが、現実として能代工は敗者となった。インターハイの連覇は「6」で途切れ、95年のウインターカップから続く全国大会での連勝も「51」でストップしたのである。

堀の遮断された記憶が繋がったのは、岩手から秋田へ帰る新幹線の中だった。呆然としたままふと顔を上げると、車両の先頭上部に設置されているテロップニュースが目に入った。

〈高校総体バスケットボール男子　能代工準々決勝で敗退。7連覇ならず〉

おそらくは、そんな内容だったはずだ。ニュースを目の当たりにし、事の重大さをようやく受け入れることができた。

「たかだか高校生のスポーツが全国ニュースに取り上げられて。それだけのことをやってしまったんだなって思いました。しかも、新潟出身の僕が地元の高校に敗けるっていう。あれはもう、なんか恨みましたよね。『何のために秋田まで来たんだろう……』って」

能代工では「全国で敗けると厳しい現実が待っている」と言い伝えられている。

しかし、彼らは敗北を知らない。それがどういうものかを、インターハイでの痛恨によって思い知らされるのである。

新潟商戦で堀の代役をこなすことができなかったどころか、5ファウルで退場を喫してしまった2年生の小野は、この試合のことを今でもよく覚えていない。それよりも脳裏に焼き付いているのが能代に帰ってきてからなのだという。

「弱いチームは帰って練習！」

監督の加藤が選手に言い放つ。そこからはひたすら1対1の練習だ。午前中に3時間、午後に4時間。延々と1対1の攻防を繰り返す。休みはほとんどない。胃の中にあるものが逆流し、吐き出す選手がほとんど。そんな苛烈を極めた練習が、1週間ほど続いたと小野は顔を歪ませる。

「地味な練習と嘔吐、嘔吐の思い出しかないくらいで……。昼ごはんもまともに食べられなかったくらいでしたからね」

厳しさは特訓だけではなかった。堀にとって衝撃だったのが市民の冷たい目である。

能代工がある盤若の丘を下ると、国道101号線にぶつかる。その交差点にはジャスコがある。学校から近いこともあり、バスケットボール部員にとってこの大型ショッピング施設はちょうどいい溜まり場だった。

その日は練習が午前のみだったこともあり、堀たちはジャスコに向かった。すると、たまたま彼らの前を通りかかった年配の女性が話しかけてきた。街で知名度の高い能代工バスケットボール部員にとって珍しいことではないが、発せられた言葉に戦慄が走る。

「練習はどうしたの!?　あんたたち、敗けたんでしょ！」

堀がこの時の衝撃を打ち明ける。

「あれは堪えました。『敗けると憩いのジャスコにすら来れないのか……』と。試合に敗けた以外のエピソードとしては一番ショックでしたね」

能代市民だって勝ちばかりを見てきたわけではない。ましてや堀たちに話しかけた年配の人間であれば、記憶する歴史も多い。したがって「敗けたんだから、次は頑張りなさい」といったフォローがあっていいはずのところ、戒めに近い檄を飛ばすのである。堀たちにしても慰めや同情を求めていたわけではなかったが、見ず知らずの人間に辛辣な言葉を浴びせられたことへのインパクトがあまりにも強すぎたのである。

「わりっす！　わりっす！」

堀たちは、頭を下げながらその場を後にすることで謝罪の意を示すほかなかった。

「バスケの街」の独特な愛情表現。それは、この年に限ったことではない。監督の加藤も自身が高校時代に経験している。むしろ、彼らよりも手厳しい〝仕打ち〟を受けていたくらいだ。

加藤が2年生だった79年。能代工はインターハイを制しながら国体で優勝を逃した。ある日、洋菓子店にケーキを買いに行くと、店員から加藤ら訪れたバスケットボール部員を追い出さんばかりに声を荒らげられた。

「弱いお前たちに食わせるケーキなんてねぇんだよ！」

加藤はこの屈辱を忘れなかった。

「カチーンと頭にきたのと同時に『街の期待を裏切るとこうなるのか』と。今となっては笑い話なんですけど、『敗けたら能代市民から相手にしてもらえない』っていうのは僕らの頃のほうがむしろ強かったんじゃないかな」

これが能代という街の愛情の裏返しであることを痛切に感じたのが、翌80年のことだった。キャプテンとして、司令塔のポイントガードとしてチームを牽引した加藤のチームは、3度目の3冠を成し遂げたのである。すると、その店から選手だけでは食べきれず、同じ場所に居合わせたファンや市民にもおすそ分けできるほどの洋菓子が届けられたのだという。

試合で敗けた悔しさ、不甲斐なさ。手のひらを返されるように冷たくあしらわれる市民への怒り。厳しすぎる監督への反骨。負の感情も勝利への活力源となる。

加藤はきっと、選手たちにそのことを伝えたかったのだ。だから、伝統とはいえ嘔吐するほどの練習も課すし、罵声も浴びせていたのである。

敗れた国体後の絶望感

「次こそは絶対に優勝する」という行動原理。そして、日頃の鍛錬で得られる絶対的な自信が弾性となって跳躍の糧となる。

インターハイでの屈辱から伝統ともいえる敗戦後の過酷を経て、能代工は平時を取り戻していた。国塚の号令とともに練習が始まる。マネージャーになりたての頃は、加藤から「そんな音じゃ選手は動かない」と指摘されてきた笛の音も力強さが備わっている。その監督が体育館で練習をシビアな目で見守ることで選手たちだけでは持ち得ない緊張感が自然と生まれていた。インターハイ前に欲していた光景が、やっと戻ってきたのである。

明らかに雰囲気が変わった――そう国塚は頷く。

「やっぱり、まだ高校生なんだなって思いますよね。毎日の積み重ねによって安心感を得られるというか。監督もすごく穏やかになっていて、インターハイ前にはなかった気持ちで練習に臨めていました。国体に向けて『これなら』と思えるようになりました」

8月に行われた国体の出場権を争う東北総合体育大会、通称「ミニ国体」。東北6県が3チームずつのリーグ戦を戦い上位2チームが準決勝に進出できる大会で、能代工の単独チームで臨む秋田は決勝で山形に73‐76と惜敗、からくも2枠目として国体出場権を獲得したのである。インターハイで右足を捻挫した堀が、まだ万全とは程遠いなかでの出場だったことも影響していた。

大会後に右足首の症状が悪化し、まともに練習できない日のほうが多くなったとはいえ、感情的な態度をとることもある堀ですら後ろ向きになることはなかった。

「今では絶対に欠場ですけど、当時は能代工業に限らず『痛くても出る』というのが当たり前の時代でしたからね。ミニ国体が終わってからも怪我が完治していなかったので練習も抜けたりしながらだったんですけど、キャプテンとして見ていてもチーム内の人間関係とかが悪くなるようなこともなく、いい準備はできていたと思います」

10月下旬に開幕する熊本国体。復調しきれていない堀に加え、ユーティリティプレーヤーの板倉も怪我で離脱とベストメンバーで臨むことはできなかったが、その分、ゴール下での積極性が生まれた長澤がひと皮むけ、ポイントガードの金子がスタメンでも起用できる公算が立つなど2年生の台頭も目立ち始めていた。

沖縄との初戦は40分で決着がつかず延長戦にもつれ込むも１００-96で勝利。準々決勝の広島戦も94-77で振り切った。快勝とはいかずとも勝利できたのは、エース堀のゲームメークと、ひたすら走り、リバウンドを奪取するフォワードの村山がしっかりと機能していたからだった。

準決勝。その鉄壁のラインが封じ込められた。

相手の千葉は準々決勝の新潟戦で、新潟商のインターハイ初制覇の立役者となったシューターの木村とフォワードの藤田を徹底的に潰す戦術で臨み、これが奏功して撃破していた。これと同じディフェンスに、能代工はしてやられたのである。前半を42-50のビハインドで迎えた後半には互角の勝負に持ち込んだが、前半の点差が響き87-95で敗戦。堀は24得点と本調子でないながらもエースとしての働きを見せたが、要所で相手ディフェンスの壁に阻まれてしまったことが痛かった。

試合後、「今のチームならいけるかもしれない」と、確かな期待を胸に国体に臨めていた国塚は、ロッカールームで泣き崩れた。後輩に抱きかかえられながらようやく立つことができたが、支えてくれたのが小野だったのか、他の選手だったのか判別できないほど視界が曇っていた。

「結局は、なんかこう、うまく回っていなかったってことですよね」

堀が沈みがちに言った。

国体の敗戦から間もなくして監督から個別に呼ばれた堀や国塚、村山、板倉ら主要メンバーは、耳を疑うような言葉に顔をしかめていた。

「選抜（ウインターカップ）までやるの？　引退したほうがいいんじゃない？」

加藤としては奮起を促すために放った檄のつもりだった。しかし、すでに2冠を失い背水の状況である。精神が逼迫していた彼らが、到底受け入れることのできない死の宣告ともいえるほどの冷徹さだと解釈してしまっても咎めることはできない。

「ショックでした。今、改めて振り返るとハッパを掛けてもらっていたことは理解できるんですけど、当時は適切に受け止められず、そこからまた反抗的になってしまいました」

インターハイから何とか繋ぎ留めていた堀の心の糸が、プツリと切れた。

キャプテンだけではない。国塚の感情はすでに負の要素を隠せないほどになっていた。

「『うちらに辞めろって言いてぇのか？』って。あれで気持ちが落ちました。国体でも優勝できませんでしたけど、インターハイまでとは違ってやれることはやれたと思っていたので。そこから、またチームを奮起させなければいけない立場ではあったんですけど、『もう、いいや』ってなってしまいましたね」

跳躍の力を蓄えていた選手たちのバネは、失われていた。

100点ゲームで敗れ屈辱の無冠

能代工を包む空気は、インターハイ前と同じような険悪なものとなっていた。堀が加藤へ露骨な忌避感を示す。後輩の小野は、悪くなっていくだけのチームを見ているほかなかったと嘆く。

「あからさまに態度が悪い時ありましたもんね、堀さん。三彦先生に返事しなかったり。『すげぇな』って思いながら見ていました。チーム自体の関係性は別に悪くはなかったと思うんですけど、正直、私自身も堀さんや国塚さんと同じような気持ちになってしまうことも多かったり、練習の雰囲気はあまりいいイメージがなかったです」

国体が終わった11月に入ると、3年生は進路を本格的に決めなければならない。加藤や安保たちをはじめ担任教師との面談も増えていき、推薦入試の手はずが整えば受験の準備も進めなければならなくなる。バスケットボールに専念する時間も必然的に削られていくこととなる。

このことが、インターハイと国体のタイトルを獲れなかった彼らをより焦らせる。

「国体までは『1冠か2冠は獲れるだろう』くらいに思っていたわけですよ、根拠なんてないのに。それが、いよいよ『ここで敗けたら無冠だ』となるウインターカップが近づくにつれ、本当の意味でのプレッシャーを感じてくるわけです」

現在の堀は、当時の自分を冷静に見定められる年齢になったためこのようにやんわりと心情を綴ることができる。マネージャーの国塚も同じだった。

「国体が終わって、監督からあんなことを言われて気持ちが落ちるところはありましたし、チームもベストな状態ではなかったかもしれないんですけど、それでもギリギリのところで持ちこたえられていたような気がします」

その「ような気」が崩壊したのが、ウインターカップ直前に行われたＯＢ戦である。

ギリギリのところでメンタルを保っていると言っても、自分たちよりもレベルの高い大学や社会人で揉まれる先輩たちがわざわざ能代まで来て胸を貸してくれるともなれば自然と闘争心が沸くというもの。公式戦のようにルーズボールにだって本気で突っ込んでいく。

それは、畠山がロストしたボールをダイビングしながら奪いにいった場面でのことだった。コートサイドでスコアブックをせわしなく記入していた国塚は、自分の横で戦況を見守る加藤から吐き捨てられるように呟かれた言葉を鮮明に覚えている。いや、忘れるわけがない。

「最低な学年だな」

自分以外には聞こえないほどの声量だった。唐突に言われた理由がわからなくても、マネージャーとして否定された気分となった国塚はこの瞬間から涙が止まらなくなった。

なんだよ……なんでだよ……。

煩悶し、反発したくともスコアブックを記入する手だけは休まず動く。マネージャーとして体に染みついた習慣を、国塚は恨めしく思っていた。タイムアウト中も涙は止まらず、怪訝そうに自分を見る選手たちに弁明することなく、「次は……もっと……こうしていくべ」と、プレーの指示を出すことで精一杯だった。

残された、優勝の最後のチャンス。ウインターカップを目前に控えたこのタイミングで「最低」だとチームを突き放した理由について、加藤は当時の胸の内を明かした。

「彼らは畑山や田臥たちの世代を見てきて育ってきています。でも、彼らとは違うんです。自分たちが先輩たちと過ごしてきた経験から何を気づき、どう知恵を働かせてチームを作り上げていくか？　結果的に彼らはそれができず、３年生としての自分たちを確立できなかった。だから、本当に厳しい言い方でしたけど、『最低だな』という言葉を使ったんです」

経験豊富な畑山たちの世代は「勝ちは絶対」と、真正面から3冠と向き合った。１年生から勝ちを知る田臥たちは、偉大な先輩が抜けた穴を後輩たちに託した。彼らは経験から気づき、そして知恵をコートで体現した。残酷な現実とはいえ、堀たちの世代は自分たちの血肉を最後まで養えなかった。だから、監督から「最低」という烙印を押されてしまったわけである。

ことごとくチームは噛み合わなかった。

ウインターカップを前に、故障していた堀と板倉がプレーに支障がないほど回復していた。もし、インターハイの敗戦から国体までの期間のような士気の高さとモチベーションで最後となるビッグタイトルを狙えたら――。

それももう、後の祭りだった。

三重県立四日市工業高等学校との初戦は、26得点とトップスコアラーだった村山をはじめ、堀、板倉と主力が機能して121得点と大勝。高崎商との3回戦も92‐58と危なげなく勝利したが、アクシデントはこの試合があった12月25日の夜に起こった。

開催時期が真冬ということもあり、能代工では大会期間中に体調不良者が出てしまうのが通例となっている。前年ならば大黒柱の田臥と若月がそうで、この年もエースの堀がその落とし穴にはまってしまったのである。

ウイルス性胃腸炎。発熱や下痢、嘔吐が主な症状の、いわゆる風邪だ。食事をしても、水分を摂っても、行先はすぐにトイレというほどの状態だからもはや何も口にできず、別室で隔離され寝ることしかできなかった。

「あの体調不良はもう、プレッシャーからです」

翌日の相手は、宿敵の仙台。じっと寝ているだけでも、重圧が堀の胃腸を刺激していた。

12月26日。5300人の観衆が集まった東京体育館。

堀のコンディション不良がチームに伝染したかのように、能代工はプレーのキレを失っていた。試合ではリバウンドを捕れず、速攻も決まらない。能代工が停滞している間に仙台からスリーポイントシュートを立て続けに決められるなど、前半を47‐55とリードを許して終えた。

キャプテンであり、エースの堀は疲弊していた。ハーフタイム中に喉が渇き水分を摂る。本来は潤いとなるはずのそれは不快の予兆となって下腹部をダイレクトに刺激し、トイレに駆け込む。これで体力がさらに奪われていった。

後半が始まっても顔色が悪く、動きも鈍い堀に対して業を煮やした加藤から「出るのか、出ないのかはっきりしろ！」と迫られるが、反抗する気力もなかった。

「淡々と敗けに向かっていった感じでしたよ。最後の最後までそうだったなって」

コートサイドでスコアブックを付けていた国塚も、戦況を見守るというよりは半ばあきらめに近い心持ちでコートへ視線を向けていた。

後半も早い段階で15点差をつけられると、能代工のプレーには明らかな焦りが見受けられた。スリーメンやファイブメンであれだけ鍛錬を積んできたパスワークが乱れ、シュートもことごとく外す。拙攻は時間が経つにつれて点差となって顕在化していく。

73－１０８。

１００点ゲーム。35点差。能代工のこの年の無冠が決まった試合は、屈辱の大敗だった。

「最悪だ……こんな仕打ちはねぇ！」

村山や扇田は感情を抜き取られたように表情に色がなく、堀は顔を歪ませている。敗戦後の能代工の選手たちは茫然自失だった。

そこに監督が選手を集め、活力を注ぎ込もうと努める。今年のチームはプレッシャーに打ち勝てなかったこと。能代工という看板に溺れ、自分たちのカラーを確立できなかったこと。無冠に終わったチームの将来を案ずるように滔々と反省を促した。

翌日に東京から新幹線と在来線を乗り継ぎ能代へ帰るや、堀や国塚ら主力が体育館に集められ、加藤からこう告げられた。

「いいか。お前たちにはこれからの人生があるんだからね。自分たちが次のステージでどうなっていけるか？　それを考える意味でも、もう1回、東京体育館に戻って試合を観ておくべきだと思う」

急遽、再び上京することを命じた加藤の深謀とはこうだった。

「『失敗から学ぶ』じゃないですけど、それをシチュエーションとして経験させることで彼らは今後の人生に絶対に生かしてくれると思ったんです。Bリーグでもプロ野球でも、敗けたチームが日本一のチームを傍で見ている時間って本当に悔しいじゃないですか。『本当なら俺たちがそっちにいたはずなんだ』とか、そういう気持ちは競技生活へのモチベーションに変えられますし、自分たちに勝った相手をリスペクトすることもできるはずなんです。そういう気持ちになってもらいたかったという意味を込めて、彼らには最後まで試合を観るよう促したんです」

加藤の親心は、当時の選手たちには届かなかった。あるいは、監督と選手の間で自浄作用が働いた上でのこの流れであれば受け入れられたのかもしれないが、未熟な高校生である彼らにとって、現実こそが何より重たかった。

この時に抱いていた国塚の心境こそ、嘘偽りのない真実のはずである。

「当時は今と違ってネットもそんなに普及していなかったし、情報が少なかったので事前に仕入れられるものって限られるじゃないですか。いい指導者がいるとか人としていい経験を積めるからとかよくわからないなかで、『なぜ能代工業でバスケをやりたいのか?』と言われたら『勝ちたいから、日本一になりたいから』だけなんですよ。その能代工業で自分らの代は無冠に終わりました。『お前らの将来のために、もう1回、東京に試合を観に行け』とか言われたところで……。自分たちとしては『将来とかどうこうじゃねぇ。敗けは敗けだべ』で終わりなんですよ。ましてや勝てると自負したなかで勝てなかったわけですから、なおさらですよね。高校生ですし、そこまで理解する余裕がなかったのは仕方ないんじゃないですかね」

部長の安保が急いで手配してくれた能代発東京行きの夜行バスに釈然としないまま乗った堀たちは、加藤の想いを察するはずもなく、車中で盛大に愚痴る。さらには体調を崩していた畠山が途中でダウンしてしまい、その介抱もあって慌ただしく東京までの約9時間が過ぎた。

東京体育館に到着後、試合開始まで時間があったため堀たちは近くのファストフード店で待機した。そこでも、愚痴は収まらなかった。

「最悪だ……こんな仕打ちはねぇ!」

散々、監督への悪態をついた挙句、彼らは第1試合が始まって少し経ったあたりに会場入りした。

人ごみに交ざると自分たちが能代工の選手であることがバレるからである。〈ＮＯＳＨＩＲＯ　ＢＡＳＫＥＴＢＡＬＬ〉とプリントされたダウンコートを着込んだ大柄な男たちは、できるだけ身元がばれないように背中を丸めて体育館に入った。最上部の3階席の隅に座り、また愚痴る。試合中はもちろん、ハーフタイム中も誰ひとり席を立とうとしなかった。

どこかへ行こうものならば「能代の選手だ！」と誰かに指を指されかねない。好意的に興味を示してくれているとわかっていても、敗けたことが犯罪であるかのような被害妄想に駆られるだろう。そうなると悲しくなるどころか、また監督に対して腹立たしさを覚えてしまう。彼らは、それくらい負の感情に苛まれていた。観戦した試合内容はもちろんのこと、少なくとも堀は、帰路が新幹線だったか高速バスだったか、交通手段すら覚えていない。

それだけの屈辱だったと、当時は思った。だが、今の解釈は１８０度変わっている。

「僕らは結局、高校時代に勝てなかった、無冠に終わったという切ない想いを、反抗って形で三彦先生に向けることしかできなかったんですよね」

勝たせられなかった監督の本心

敗者の弁というのは、たとえ本心からそう思っていなかったとしても語れば語るほど言い訳じみてくるものだ。加藤のように監督となってからこの年まで17回も全国制覇を経験し、無冠だったのはたった1年しかない人間であれば、なおさらのことかもしれない。

　加藤は人からそう思われたとしても言葉を紡ぎたかったのかもしれない。それほど、監督の立場としても無冠だった99年の悔悟はある。

「3冠をやり遂げた次のチームに伸しかかるプレッシャーがものすごくなることは、どの世代の選手たちだってわかっていたはずなんです。そういったプレッシャーや周りからの期待とかを全て受け入れた上で9冠を達成した田臥たちの世代は本当にすごかったわけですけど、それが毎年、続くわけではないんです。実際、堀たちの世代は敗けてしまったわけじゃないですか。彼らは本当に練習をしてくれました。そのことが多少なりとも響いてコンディション作りに不具合が生じたこともあったでしょうし、予期せぬことが色々と起こってしまった結果ともいえるのかもしれません」

　おそらく、当時は絶対に漏らさなかったであろう本心が垣間見えたのは、「監督としても、あの世代の無冠は想定外だったんですか?」と質問した時だった。

　頭の回転が速く、機知もある加藤ならすぐに言葉を導き出してくれると思いきや、この時は少しの間があった。ふぅっと軽くひと息ついてから小さく結ぶ。

「勝たせてあげたかった、本当に……。選手たちの素材はよかったんです。でもね、なかなか、毎年勝たせるっていうのも……難しいよね」

　そして、20年以上もの星霜を経て、加藤もまた自らの過ちを告白する。

「堀や国塚たちに余裕がないということは、監督の僕自身がそうならないように導けなかったということなんですね。『周りにとって9冠がスタンダードになるんだよ』とか、もっと明確に彼らに伝えてあげるべきだったんです。監督は代わらないけど、選手って毎年代わるわけじゃないですか。僕がそこに一番気づけていなかった。それって、選手たち以上に監督に焦りがあった何よりの証拠じゃないかな、と思っているんです」

加藤が結ぶように、ボタンの掛け違いに誰もが最後まで気づけなかった1年だった。

選手は入学してから敗け知らずだったが故に「勝てる」と妄信してしまい、監督の愛情の裏返しである厳しさにストレートに反応し、不協和音を増幅させてしまった。能代工という絶対不変のバスケットボールのスタイルと優れた選手たちを有しながらも無冠に終わった原因として、きっとこんな背景も無関係とは言い切れないだろう。

いくら敗北を美談に仕立てようとしても事実が変わるわけではないし、当事者たちの精神安定の役に立つわけでもない。苦笑しながら発した国塚のひと言が、全てだ。

「誰がどんなことを言ったとしても、いい話にはならないですよ」

敗れし者たちが、学び舎を去る。

99年は『だんご3兄弟』が爆発的ヒットを記録し、日本の音楽シーンに革新をもたらした16歳の宇多田ヒカルが早くも歌姫の地位を確立しようとしていた。『ＬＯＶＥマシーン』が初のミリオンセラーとなったモーニング娘。の快進撃は、その後に訪れるアイドル戦国時代の幕開けを予兆していたのかもしれない。

卒業式が終わり、メンバーたちで行ったカラオケでは当時のヒットソングなどが溢れかえった。しばらくすると、盛り上がっていた小さな個室が静まり返る。誰かが言った。

「勝ちでかったなぁ」

うん、うん……みんなが頷いていた。すすり泣き、声を出して泣き、日本一を宿命づけられた男たちの涙は止まらなかった。

その源泉が無冠だった悔しさ、監督に対する怒りや恨みだけではないのだと堀が気づいたのは、3年間、怒りながらも自分たちの時間軸に合わせて世話してくれた下宿の主人との〝最後の晩餐〟でのことだった。彼らが住む長谷川下宿では、3年生が卒業する夜に主人と無礼講で食卓を囲むことが許される、別れのしきたりがあった。

酒で顔を赤らめながら選手たちを諭す主人は、父親のように穏やかだった。

「堀君たちさ、つらい想いをしただろうけど『若い時の苦労は買ってでもしろ』っていうくらいだから。能代工業での苦労がいつか大切なことになるんだって信じて卒業してよ」

無様だったかもしれない。

でも、自分たちの生き様を認められたような気がした。

頑張る姿を見せることでしか自己証明できなかった不器用なキャプテンが、崩れ落ちた。感情を押し殺しながら実直にチームをまとめようとしたマネージャーも、決して雄弁ではなかった他の仲間たちも、瞳から玉のような雫を流していた。

元新潟商の藤田浩二さん。能代工に勝利し、連続全国制覇の記録を「10」で止める。

1999 年 12 月、ウインターカップで敗戦。この年の無冠に呆然とする能代工の選手たち。

第5章

能代工から能代科技へ

（2000年－2023年）

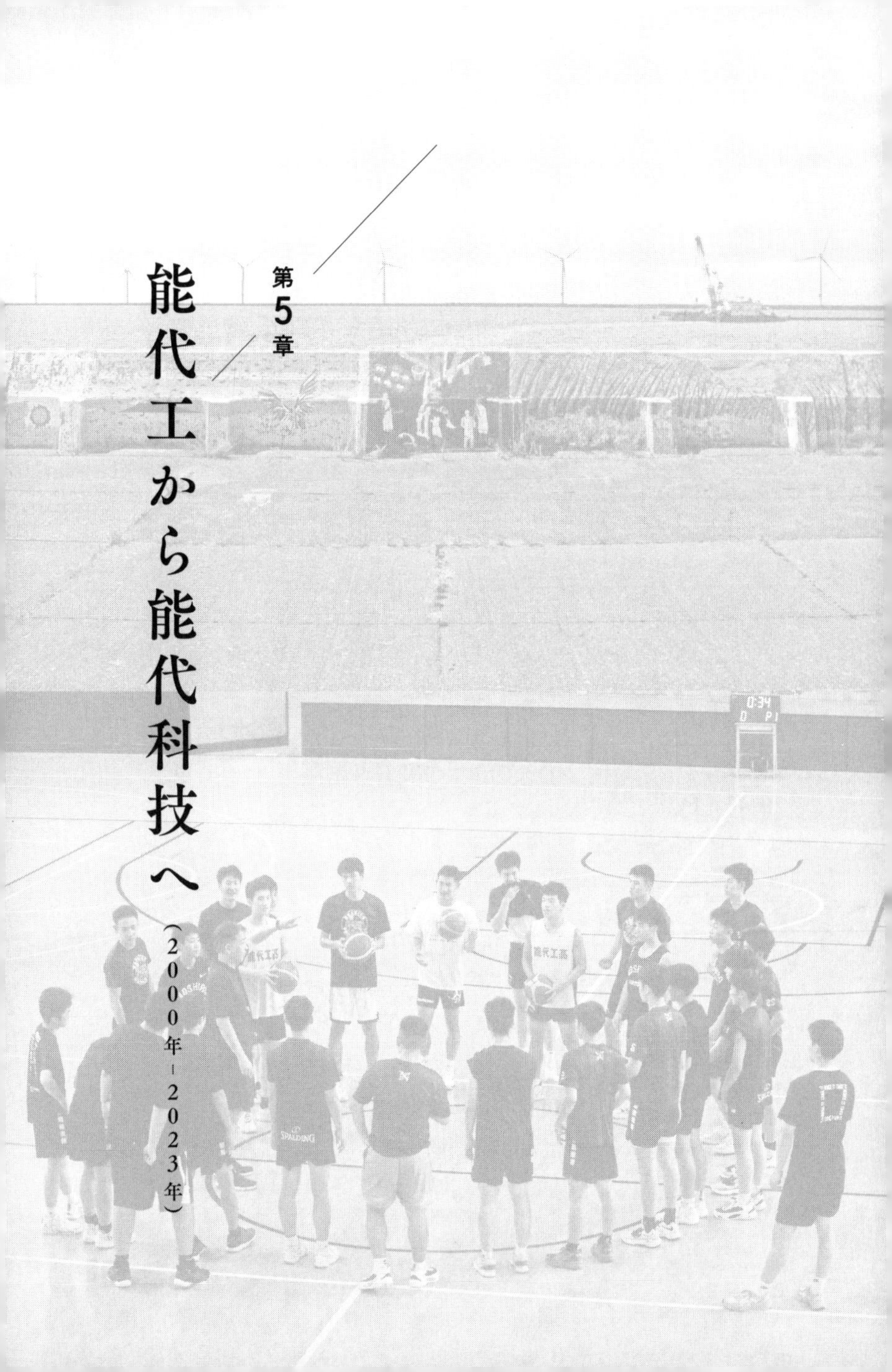

2年ぶりのインターハイ奪還

目は焦点が合っているようで、おそらくは合っていなかった。監督の加藤三彦の話を最前列で聞いていた2年生の小野弘樹はしかし、呆然としながらも「敗戦」の2文字を胸に刻印していた。

１９９９年の冬。ウインターカップの準々決勝で仙台に敗れ、7年ぶりの無冠に終わった。

全国大会で優勝して初めて世間から認められる能代工にとって、それは屈辱でしかなかった。しかし、次代を戦う小野たちにとっては悔しさの一方で、「勝ち続けなければいけない」といった呪縛から解放された瞬間であったこともまた事実としてあった。

キャプテンだった堀里也をはじめとする世代が残した無冠という結果は、小野たちにとってリスタートの大きなきっかけになったのである。皮肉かもしれないが、組織がドラスティックに変革を遂げる時というのは、必然的に強烈な痛みを伴うもの。スクラップ・アンド・ビルドを求められる。

「単刀直入に言えば気楽にさせてもらえました。2年生の控えながらも『連覇を途切れさせたくない』って思いでやったなかで無冠だったことは間違いなく悔しかったんですけど、ウインターカップでも敗けたことで『後ろを向いてる暇なんてないな』とはっきり感じられたというか。失うものはないくらいの感覚でチームはスタートを切れたと思います」

前年に苦渋を味わった元王者は、一からチームを作り直した。

根本的なディフェンス力を強化する上で、能代工の看板であるゾーンディフェンスではなく、まずはマンツーマンを徹底した。基礎から洗い直したことで、2月の東北新人大会では決勝で仙台を79‐77と振り切って2年ぶりの優勝を果たすことができた。相手には1か月前のウインターカップで辛酸をなめさせられており、ポイントガードの志村雄彦ら同大会の優勝メンバーが残っていただけに、小野たちにとってこの勝利は自信をつける新チームの船出にもなった。

２０００年はブラッシュアップしながら組織力を高めていけたチームだった。

能代カップでは宿敵の仙台と大阪の強豪、東住吉工に敗れて3位に甘んじたものの、インターハイへ向けてマンツーマンからゾーンディフェンスへと守りをバージョンアップするなど計画的にチーム力を強化していく。ポイントガードひとり、シューティングガードふたりの3ガードシステムもそのひとつで、司令塔の金子伸に2年生の点取り屋である新井靖明、ゲームメークにも長けた山田謙治のトライアングルが少しずつ機能し始めていった。また、下級生時代から全日本ジュニアに選ばれる不動のセンター、長澤晃一に1年生の高久順も台頭してきたといったように、チーム内の競争も首尾よく展開されていた。

小野もまた、その渦中にいたひとりである。

1年生からベンチメンバーとして9冠を経験し、インターハイ予選ではキャプテンも務めるほどの中心選手でありながら立ち位置はシックスマン。つまり、6番目の選手だった。能代工において重要なポジションであり、この選手の気概いかんによってスターティングメンバーのモチベーションにも大きく影響を及ぼす。小野はしかし、96年にキャプテンを務めた田中学のようにサポートに徹するのではなく、あくまでもレギュラーにこだわった。「不甲斐ないだけですよ」とこぼすが、この姿勢もまた戦力の底上げに一役買ったのは間違いない。

この年は監督が長期間、チームを離れることがなく、ゾーンディフェンスやオールコートプレス、攻守の切り替えと夏までに能代工のお家芸を磨き上げられたことも大きかった。

システムとチーム力。双方の底上げが実ったのが岐阜インターハイである。

初戦で東京の桐朋高等学校を１２９－77で圧倒すると波に乗る。２回戦で山梨県立甲府西高等学校を95－63と退け、３回戦で洛南を90－81、準々決勝では沖縄県立北中城高等学校を66－65、準決勝では北陸を80－55と強豪相手に接戦をものにした。スコアが物語るようなチームの粘り。それが決定的に表れたのが、小林との決勝戦である。

前半を40－42のビハインドで折り返した後半。長澤と高久がゴール下を制圧して一時は16点差まで広げながらも、残り４分のところで逆転を許した。しかし、試合終了7秒前でファウルを受けた長澤がフリースローを決めて延長戦まで持ち込むと、延長戦を10－８で振り切った。

95－93。大会を通じて勝利への執念を体現しての優勝は、能代工に地力が備わっていることの証明にもなった。２年ぶりのインターハイ覇権奪還、この年の初タイトルの獲得に、いつもは厳しい加藤も声を詰まらせながら優勝監督インタビューに答えていた。

監督もまた、選手と同じように呪縛から解放されていたのである。

「僕としても『プレッシャーから解放されたのは君たちだけじゃないよ』というような気持ちがあったんですね。堀たちの世代の経験があったから、こちらも思い切った采配ができたり。勝ってきているチームだとなかなかリセットってできないものですけど、前年に敗けという厳しい現実を突きつけられたことで、リセットできるいいきっかけになったのも確かなんです。堀たちの世代で敗けたことで、小野たちの世代もそうだし、その後の優勝があったかもしれないとも思うわけです」

心を震わせていたのは選手たちも同じだった。日本一の歓喜を噛みしめるように涙する。それは、9冠時代の先輩たちが抱いた「勝ててよかった」という安堵ではなく、純粋な喜びだった。

スタメン5人のうち3年生は金子と長澤のみ。残りは下級生という能代工本来の「先を見据えたチーム」は、2冠目を目指した富山国体では準決勝で仙台に後塵を拝した。ウインターカップでも初戦で四日市工に82-83とインターハイのような粘り強さを見せられず、能代工としてはこの大会で初の初戦敗退という屈辱的な記録を残してしまった。

国体とウインターカップで敗けた原因のひとつとしてガードが安定しきれなかったことが挙げられていたし、下級生を育てきれなかったこともあったのかもしれない。そこに加えてチームにとって痛手となったのが小野の不在である。国体前に左足の前十字靭帯を断裂してしまったことで戦線を離脱。レギュラーに最も近い貴重なシックスマンを欠いたことで選手層が薄くなったことも、決して無関係とは言い切れないはずだ。

「いずれにしても、私が不甲斐なかっただけですよ」

小野は当時の自分に自嘲ぎみな目を向けながらも、ひとつでもタイトルを獲得できたことについては今も喜びとして噛みしめている。

「選手個々としては『俺たちも無冠だったらどうしよう』みたいな気持ちもどこかしらにあったのかもしれないですけど、そういう雰囲気が出ていたわけではなかったですね。最終的には敗けて終わりましたけど、失うものはないくらいの気持ちで戦えたことがよかったと思います」

能代工、最後の日本一

小野たちが能代工を巣立った21世紀になると、バスケットボールが大きく変わろうとしていた。ひとつに２００１年のルール改正が挙げられる。主要なところを説明するなら試合時間の分割だ。前年までの20分ハーフから10分×４ピリオド――つまり、バスケットボールの本場アメリカで主流であるクォーター制に切り替わったのである。

「30秒以内にシュートを打たなければならない」という30秒ルールが24秒に短縮されたことも重要だろう。例を出すなら、相手にプレスをかけられ速攻を封じられても、じっくりと時間を取りながら攻め手を再構築できた時間が６秒も削られたのである。

能代工が環境の変化に順応できたのは、やはり築き上げた土台があるからだ。40分間、走り切るバスケットボールにおいてハーフタイムを入れて３回も小休止が取れるクォーター制はむしろ好都合だったし、速攻であろうとパスワークであろうと、1秒で局面を変えられるチームにとって6秒の差は大打撃とはならない。その証左が、小野たちの世代が卒業した直後の01年の2冠だ。

しかし、インターハイとウインターカップを制した03年あたりから、ルール以上に高校バスケットボールという競技そのものが大きく変わろうとしていた。

留学生時代の到来である。

先駆けと言われるのが、この年にセネガルから宮崎県の延岡学園高等学校に留学したママドゥ・ジェイ（現：坂本ジェイ）である。2メートル超えのビッグマンを擁したチームはウインターカップでベスト4と早々に結果を残したことで、同校のある九州地区を中心にセネガルからの留学生が継続的に流入するようになったのである。その一方で、翌04年にインターハイを制した福岡第一高等学校の選手が年齢を偽り来日していたことが発覚し、優勝を剥奪されたニュースが話題にもなったように身元保証が曖昧だった。現在の「出場は1人、ベンチメンバーを含め登録は2人まで」などルールがまだ明確化されていなかったこともあり、「アフリカから獲ればいい」といった安直な戦力補強の風潮になりかけたとも言われている。ともあれ高校バスケットボール界は〝黒船〟の襲来によって、勢力図が劇的に塗り替えられたのである。

現場で指揮する加藤の見立てが、そのことを如実に示唆していた。

「田臥たちが1年からあれだけ結果を残すようになってからかな。高校のバスケットボールがどんどん変わっていきましたよね。特に有望な中学生を獲得しようとする、いわゆる〝スカウト合戦〟

みたいなものが加速していったように思います」

激動の渦。04年のウインターカップ優勝後は、八王子学園八王子高等学校、福岡第一、延岡学園、明徳義塾高等学校と、能代工が全国大会で敗北を喫した相手には必ずアフリカ系の留学生がいた。王朝を築いた名門ですら、時代のうねりに翻弄されたのである。

その渦中で踏ん張ったのが07年だ。東海大学付属相模高等学校中等部時代に全国大会3位の実績を持つ満原優樹や、岩手県の花巻市立石鳥谷中学校から来た長谷川技《たくみ》はアンダーカテゴリーの代表候補選手に名を連ねるほどのプレーヤーで、この2センターがリバウンド力をより強化し、アウトサイドからのシュートも身につけたことでインターハイ制覇。地元開催として威信をかけて臨んだ秋田国体でも、福岡第一を中心とした精鋭が集結する福岡の猛追を振り切って79-64で勝利し優勝した。地元に錦を飾るとともに、4年ぶりの2冠を獲得して面目を保つことができた。

この秋田国体が、能代工にとって最後の日本一となった。

54年間継続していた全国大会出場

「最後」となった大きな理由のひとつに加藤の退任があった。

秋田国体優勝という至上命令を遂行し、能代工を25度の全国制覇へと導いた名将は翌08年3月で同校を退職した。数年前から「上のカテゴリーで勝負してみたい」との意向があり、この年から日本のトップリーグとなる日本バスケットボールリーグに加盟することとなったリンク栃木ブレックス（現：宇都宮ブレックス）で指揮することが決まったからでもあった。加藤の就任から間もなくして１９９８年の９冠達成の象徴である田臥勇太もアメリカから帰国し、チームに加入したことも話題となった。

ここから、能代工は勝てなくなった。

ＯＢをはじめ常勝だったチームを知る人間は「バスケが変わった」と口を揃えるように非難するが、そこにはちゃんとした理由もあった。

新監督となった佐藤信長は前任の加藤の教え子であり、ポイントガードのレギュラーだった３年時の88年には国体、そして春から冬に切り替わることで２度開催された選抜でいずれも優勝と３度の日本一を経験していた。その佐藤には、能代工のバスケットボールを熟知するが故に高校卒業後のスタイルの観念に変化があったとされている。

明治大学に入学後のことだ。能代工でゾーンディフェンスを叩き込まれていた佐藤は、マンツーマンのディフェンスを主としていたチームに順応できなかった。その教訓から、住友金属、アイシン精機と所属したチームのシステムを吸収し、バスケットボールの見識を深めていったという。

しかし、それが能代工では結果的に通用しなかった。

監督となった佐藤は、基本を徹底してこそ「留学生時代」の高校バスケットボール界に風穴を開けられると信じ、チーム伝統のゾーンディフェンスからマンツーマンディフェンスに切り替えたのである。全国大会では最高でベスト8。日本一を宿命づけられたチームだけに周囲からの風当たりは強くなっていったが、能代工のパッションも失われつつあったのかと言えばノーだ。

名門の魂を受け継いだひとりに長谷川暢《のぼる》がいる。

彼にとっての能代工の原風景は、10歳だった２００７年だ。満原と長谷川を中心としたチームが秋田国体決勝で福岡を破り優勝した試合を見て、「秋田にこんなチームがあるんだ」と目を輝かせた。偶然にも暢が所属していたミニバスケットボールのチームの指導者に能代工ＯＢがいたことも、より興味を示すファクターともなっていた。そして、埼玉県の上尾市立大石中学校3年時に全国大会で優勝を果たすなど名が知られるようになっていたポイントガードは、能代工の監督である佐藤から直接誘いを受けて、練習会に参加することとなったのである。

伝統ある体育館。初めて足を踏み入れた日のことを、暢は今も覚えている。緊迫した空気。練習メニュー一つひとつに無駄がない。

「優勝から遠のいてはいましたけど、中学生ながらすごい雰囲気を感じました。バスケットをする環境が整っていたこともそうですし、『ここなら本気で日本一を目指せる』と思いましたね」

練習会で先輩たちに立ち向かうとワクワクする。自分と同じ中学3年生の練習生とともにプレーすると可能性が広がっていった。

なにより、この場が闘争心を植え付けてくれる。最初に抱いた直感は、体育館にいる間、ずっと暢の中でこだましていた。

「この学校には、強いチームのプライドがある」

暢がエースガード、キャプテンとしてチームを牽引した14年のウインターカップでは、能代工にとって７年ぶりとなるベスト８に進出と復活を印象付けた。

翌年には佐藤と同期のマネージャーで、13年からアシスタントコーチを務めていた栄田直宏が監督に昇格すると、インターハイでベスト８、ウインターカップではベスト４に進出して３位と、さらに結果を伸ばした。マンツーマンディフェンスに舵を切るなど大胆にシステムを変更した佐藤と打って変わり、栄田は厳しいプレスを仕掛けるディフェンスと走るバスケットボール、つまり能代工伝統のスタイルにシフトチェンジしていた。

３位という結果は、暢が「プライドがある」といった能代工のギリギリの抵抗の跡でもあった。２０００年代前半に留学生という黒船の襲来から私学が勢力を拡大してきた構図は、いよいよ顕著になった。14年の暢のような、能力が高く気骨ある選手が公立校にもいることはいるとはいえ、やはり多くの選手は寮の設備などの環境や待遇の良い私立へ流れていってしまう。

東北を例に挙げれば、明成高等学校（現：仙台大学附属明成高等学校）などがわかりやすい。能代工の「最大のライバル」と呼ばれていた仙台を率いて１９９９年、２０００年とウインターカップ連覇へと導いた佐藤久夫が05年に監督に就任すると、13年からのウインターカップ３連覇の原動力となった、現ＮＢＡプレーヤーである八村塁など能力の高い選手が集まるようになった。かたや公立校である仙台は、佐藤が退任した05年以降は全国で名を馳せることがなくなってしまった。

加藤が監督をしていた時代までは、「常勝」という能代工の地盤が田臥や前田浩行といった全国のトップクラスや、秋田県内からも菊地勇樹のようなジュニアオールスター級の選手たちを引き寄せることができていた。しかし、高校バスケットボール界の変化とともに、有望な選手たちが黄金時代の能代工のように「全国で勝てるチーム」を求めてしまうのは当然でもあった。

「日本一しか許されないチーム」の悲劇。16年はそれが残酷な結果として表れてしまった。

インターハイ予選の決勝戦。前年のウインターカップで3位だったチームが、小納兄弟を中心に3冠を獲得した１９９１年にマネージャーだった、能代工ＯＢの佐々木信吾率いる平成高等学校に68－１００と大差をつけられて敗れたのである。69年から続いていた連覇が「47」で止まったこの敗戦は大きなニュースとなった。さらに、ウインターカップの予選でも準決勝で秋田工に67－76と痛恨の敗戦を喫し、71年から継続していた連続優勝を「46」で途絶えさせてしまったのである。

能代工を常勝軍団へと育て上げた加藤廣志が監督になり、出場に導いた63年のインターハイから54年。一度も途切れることのなかった全国大会出場を逃す、失意の1年となった。

１０８年間の幕を閉じた「能代工」

凋落はやがて、混乱を招く。能代工は負のスパイラルに陥っていた。

佐藤と栄田で能代工を立て直すことは叶わずにいる。そして、２０１７年に小野秀二をアソシエイトコーチとして招聘。19年には監督に昇格することとなり、名門の再建を託したのである。地元の能代市出身。１９７５年にエースガードとして能代工初の3冠に貢献し、高校卒業後も全日本の選手、監督を経験するなどエリート街道を邁進してきたレジェンドは、切り札でもあった。

しかし、この人事は能代工としての本分を見失わせてしまうことにもなってしまう。

秋田県の教員ではない秀二が公立校の監督として白羽の矢を立てられたのには、「バスケどころ」秋田の土壌が関係している。県内アスリートのパフォーマンス向上を目的として県体育協会がテクニカルアドバイザーを採用。秀二はこれに該当する指導者だ。県のバスケットボール協会の推薦によって同役職に就任し、報酬は学校ではなく県が支払う仕組みとなっている。

秀二は恩師である廣志がゼロから築き上げたバスケットボールの再徹底によって、チームの復権を果たそうとした。素早い攻守の切り替え、役割が明確化されたゾーンディフェンスにオールコートでのプレス、リバウンドやルーズボールへの執着心。「常勝・能代工」としての威厳の回復を目指した19年のインターハイではベスト8と出だしは悪くなかった。しかしウインターカップは、3回戦で前年にスリーポイントシューターの富永啓生を擁してベスト4となった愛知県の桜丘高等学校に60‐77と敗れた。この年、ベスト8に残ったチームは全て私立。「ナンバーワンポイントガード」と注目を集めていた河村勇輝のいる福岡第一が連覇を達成する、「私学優勢」が際立った大会でもあった。

このような高校バスケットボール界の勢力図をよそに、能代では「また工業が勝てなかった」といった現実ばかりがクローズアップされる。

迎えた２０２０年。新型コロナウイルスの感染拡大により、日本のみならず世界中が混乱するなか、能代工バスケットボール部も揺らいでいた。

小野監督の退任。

県の体育協会とバスケットボール協会との間ではテクニカルアドバイザーとしての契約は残っていたが、4月に能代工に新校長が赴任すると方針が変わり、首脳陣の刷新が敢行されたのである。新監督には16年のインターハイ予選決勝で平成の監督として母校に土をつけた佐々木の就任が決まっているというのだ。

保護者を集めた5月の説明会で校長は、新型コロナウイルスの感染拡大を挙げ「学校として即座に対応するためには教師が監督であるべき」といった趣旨の説明をしたとされているが、父兄や選手たちを納得させることはできなかった。

当時、メディアでは一方的に学校側の拙速であるかのように報じられたが、必ずしもそうではない。そもそもテクニカルアドバイザーとは、あくまで監督をはじめとするチームを補佐する役割として設けられた制度であり統率者ではない。だが、この職務に秀二が就いたことによって周囲の期待が過剰にまで膨れ上がってしまった。能代工バスケットボール部とは本来、教師である監督や部長が学校生活や部活動に寄り添い、地域のサポートなどがあってはじめて、ステークホルダーとしての役目を担えるというもの。しかし、日本一から遠ざかる期間が長すぎるあまりバスケットボールのオペレーションだけに意識が向いてしまい、小野秀二というレジェンドに依存してしまった——そういった側面もあながち否定はできないはずだ。

結果的に学校は保護者たちの意向を汲み取り秀二を続投させたが、直後に起こる混乱の前触れのようでもあった。能代工は6月、新たに大きな問題に直面するのである。

能代工の名前がなくなる。

それは、監督人事以上の衝撃だった。

翌21年の春に能代西高等学校との統合に伴い、校名も「能代科学技術高等学校」と変更される案が発表されたのである。秋田県教育委員会は農業高校として伝統のある能代西にも配慮した形だというが、「能代工」のあまりにも強いブランド力と知名度から世間に容認されるわけがなかった。

柳町商店街でラーメン店「北海屋」を営んでいた藤田昭三も、この決定に不満を打ち出していたひとりである。店舗を切り盛りしていた当時は田臥、菊地、若月をはじめとした能代工の選手たちも頻繁に訪れていたこともあり、自然とバスケットボール部にのめりこんでいった。

それだけに、自分たち市民が置き去りにされているようで不満が募ったのだという。

「『バスケの街だってアピールすればなんとかなる！』って知り合いの県議会議員にはよく言ったし、県の教育委員会とかにも『なんとかなりませんかね』と聞いたけどダメだった。しまいには能代市長に文句言いに行ったくらいだったから」

藤田のような市民やファンの義憤は、署名活動にまで発展した。

「能代工業の名前を残してほしい」

全国から９千を超える署名を集めた異例ともいえる嘆願はしかし、届かなかった。７月の秋田県議会で可決され、「能代工」の歴史は１０８年で幕を閉じることとなったのである。

能代工にあらゆる混乱をもたらした20年。

選手たちにとって満足にバスケットボールができる環境ではなかった。肝心の公式戦にしても、未知のウイルスのパンデミックによりインターハイと国体が開催されなかったため、残された全国大会はウインターカップのみとなってしまった。

能代工として挑む、最後の大会。初戦の九州学院高等学校（熊本県）戦は第４クォーターまで接戦を演じたものの72－77と逆転敗けを喫した。

日本一58回。高校バスケットボール界の象徴が、静かにコートを去った。

招かれざる新監督

秋田県の南部に位置する大仙市出身ながら能代市に20年以上も住んでいる小松元にとっても、９冠時代の街の狂騒は今でも簡単に脳裏に蘇らせられる。

自身も「あの能代工」の圧倒的強さをまざまざと見せつけられた側の人間だった。

秋田県立大館鳳鳴高等学校の監督だった１９９５年11月。県北新人大会の決勝戦で「１００点は取られないようにしようぜ」と選手たちを送り出し、能代工に48－98と大敗を喫した。翌年に田臥たちが入学すると実力差は天地ほど広がっており、インターハイ県北予選の決勝では31－１０３のトリプルスコアで屈した。相手の呆れるくらいの強さに笑みがこぼれてしまったほどだという。

「95年の試合は１００点取られなくて、敗けたのにみんなで盛り上がった記憶がありますけど、田臥たちが入ってきたら『あれ？』って。笑うしかなかったですよね」

異次元の強さ。それが、あの３年間だった。

21年。そんな高校に、自分が監督として赴任する。

田臥たち名選手を輩出した高校バスケットボール界の超名門。いくら校名が能代科学技術に変更され新たなスタートを切ろうとしても、小松にとってはあり得ない人事。寝耳に水だった。

まだ前身である「能代工」とイコールで捉えている人間は多い。秋田県立横手高等学校出身でOBではない自分がバスケットボール部の監督をすれば反発があることなど容易に想像がついた。

能代工だった時代の監督人事は特殊だった。

県公認のテクニカルアドバイザーとして指導していた秀二もそうだが、「能代工バスケ部OB」という肩書のある教員であれば優先的に母校への道筋を作ってもらえるケースがほとんどだ。前年まで秋田県立能代松陽高等学校の女子バスケットボール部の監督だった小松は、そんな現実を承知していた。だから、他人事のように情勢を俯瞰していたのである。

「能代松陽に残ると思っていましたからね。いい選手を獲れて『今年は勝負できるかな？』といつも以上にやる気を出していたんです。そうしたら、能代工業でいろいろ事故なんかがあったりして、私に話が回ってくることになったわけで」

小松の〝事故〟という表現は「予期せぬ事態」を意味していた。高校が統合するということはもうひとつの前身である能代西にも配慮するのは当然であり、教員ではない秀二に続投を要請するわけにはいかなくなる。本来ならば教員の能代工ＯＢが監督に就くはずだったところ、諸事情によって白紙となったことが想定外だった。急遽、人選しなければならなくなった際に15年、17年、18年の国体で秋田県少年（高校）女子チームの監督を歴任するなどの実績を持つ地元・能代市で勤務する教師、小松に白羽の矢が立ったといういきさつだ。

能代科学技術への異動を命じられたのは、新年度を2週間後に控えた3月中旬のことだった。それはつまり、バスケットボール部の監督就任と同義であることを、小松はすぐに理解できた。

「こめかみに銃口を突きつけられた気分でした」

当時の切迫感をこのように表現し、小松が続ける。

「満を持しての赴任じゃなかったので。正直、重たかったですよ。秀二さんに教わりたくて能代工業に来た選手としては戸惑いがあるでしょうし、保護者も地域も誰も喜ばないですよ。私の家族ですら嫌がっていたくらいですからね」

周囲は小松を〝外様監督〟のような目で見る。

監督就任当初はメディアからの取材も殺到し、ほとんどが「能代工業を受け継いでどうか？」といったインタビュー内容だった。「受け継ぐもなにも県の人事異動ですので」と、多くを語らず意識的に事実を並べるだけに留めても読者や視聴者は納得してくれない。

「なんでOBが監督じゃないんだ」

「小野監督に教えてもらいたくて入った子供たちがかわいそうだ」

「こんなことでは勝てるわけがない」

小松はいわば、「招かれざる監督」だった。

「能代工業にとらわれてるね？　電話してくる時点でそうだと思った」

電話口で小松の本心をつついたのは、元監督の加藤だった。

小松は新任時代に近隣の大館鳳鳴で監督を務め、能代松陽の前身である能代市立能代商業高等学校で女子を指揮していた経験に加え、大会でも審判員として笛を吹いていたことなどから県北地区のバスケットボール界での横の繋がりはあった。したがって、能代工で監督をしていた頃の加藤と面識がある。能代科学技術の監督をするにあたり、報告もかねて電話で相談を持ち掛けたのである。

最初こそ小言のように始まった会話も、いつしか激励に変わっていた。

「好きなように自由にやればいいんだよ。監督をやる以上は自分の理に適ったことをしない限り、チームの成長はないんだからね」

選手としても、監督としても能代工を知り尽くす加藤だからこそ、「自由」という言葉に重みがある。小松にそう告げた意図はこうだった。

「能代工業のＯＢであることに誇りを持つことは大切ですけど、そこが重要じゃないんです。いくら実績を残したといっても過去は過去。昔がすごかったからってこれからも同じとは限らないじゃないですか、努力していたとしても。だからもう、校名が変わった以上は能代工業の名前は出さなくていいくらいの気持ちでやってもらいたいと思いまして。『科技高』って略すんですよね。いいじゃないですか、『これからの科技高はこうします！』で。せっかく1年目で監督になれたんだし、小松先生はＯＢじゃないんだから『新しいチームを作れるな』と思わないと」

能代工のＯＢでもない小松が、彼らと同じほどのプレッシャーを感じられるのだろうか？ 当事者としての歩みを知らない自分が「背負う」と軽々しく言えるものでもないだろう。

ただ、能代市で高校バスケットボールに携わる者として、能代工の凋落を間近で見てもいた。激流のごとく移り変わる勢力図のなか翻弄される、かつての名門校。監督が代われど状況を好転させられずにもがき、そして名前をも失った。

能代科技として新たなスタートを切ったとしても、能代工の血が途絶えたわけではないことはわかっている。監督就任当初、周囲に何を聞かれても淡々と、時に飄々と受け答えしているように見えても、実情はわかっていたのである。

「能代工業が勝っていた時というのは、いい選手が秋田から出ることがなかったし、県外からも来ていたわけですよね。それが、留学生が私立に入るようになって完全に逆転した現実というのがあり、『なんとか止めないと』という危機感は、秋田県の教員として強く思っていました。三彦さんからバトンを受け継いだ信長さんはすごく大変だっただろうし、そこからまた何人も監督が代わったわけじゃないですか。何かを変えたからプラスになるかと言ったら、必ずしもそうではなかったりすることもあるわけで。そういう様子をずっと近くで見てきた立場だったものですから」

能代工が抱える混沌は、もう他人事ではなくなった。だから小松は自分なりにもがき、加藤に助言を求めたはずなのだ。

先人の言葉に耳を傾けることで、少しだけ肩の荷が下りた。自問自答の末に小松は、教師としての原点に立ち返ることができたのだという。

「個人的には『ここに来たからには頑張ろう』くらいです。自分とか学校とかより一番に考えなきゃいけないのは子供たちのことです。私が仮に『絶対にやりません』と異動を固辞して監督が決まらなかったとしたら、子供たちはまともにバスケットボールをできなくなるかもしれない。それだけは避けないといけない。私は誰から何を言われてもいいんです。能代科技の監督をやる時点でわかっていたことですから。でも、子供たちにだけは一生懸命バスケットボールに専念してもらいたい。だから、それだけをモチベーションにすることにしました」

信念に、再び血が通い始める。

小松の熱量は、少しずつ人の心を動かしていった。

現役Bリーガーの母校への情熱

長谷川暢は能代科技のため真っ先に一肌脱ぐ決意をした。

18年に地元プロバスケットボールチームの秋田ノーザンハピネッツに入団してから、チームの休養日が固まれば必ずその期間で1日は母校へ赴き、自身のトレーニングを兼ねて後輩たちを指導することが習慣となっていた。能代工の晩年に監督が目まぐるしく交代するなどの騒動を憂えているなか統合が決まった際には、OBとして何もできない自分に忸怩たる思いを抱いていた。

「校名や監督が代わることについては特に感じることはありませんでしたけど、『子供たちがすごくかわいそうだな』って。毎年のように監督が代わることもありましたし、大人の事情で子供たちが振り回されていると感じてはいたんですね」

能代科技として再スタートしたことは、暢にとってはむしろ好都合だった。監督に就任した小松ともすぐに打ち解けていくなかで、「ノーザンハピネッツで頑張ってくれている暢の名前を出せるならリクルートにも役立つしありがたい」と言われ、フランクに展望を話すこともできた。

「力を貸したい」

疼き始めていた暢が具体的に動き出したのは22年だ。「新入部員3名」という厳しい事実を教えられたからだったという。

「本当の意味で『能代工業がなくなる』っていう危機感みたいなものがあったんです。そういう現実を受けて僕が能代に関われば『状況が変わるんじゃないか？』と。地元の秋田でプロとしてやらせてもらっている自分だからこそ、できることがあるんじゃないかって」

暢はただの「秋田ノーザンハピネッツの選手」ではない。ポイントガードの主力であり、能代工ＯＢとあって地元では絶大な人気を誇っている。そんなプロ選手が能代科技に関わるとなれば大きな話題となるし、選手獲得などの波及効果だって見込める。

なにより、小松から常に言われ続けていたことが原動力となった。

「能代工業の伝統はＯＢにしかわからないから。暢が教えてくれることに大きな意味がある」

現役のプロ選手が高校生を指導する。サッカーはＤ級からＳ級までカテゴリーに即したライセンスの取得が義務付けられており、野球もアマチュア指導資格を回復させたＯＢであれば高校や大学の指導者となれるが、現役は認められていない。それほど珍しい事例である。

秋田ノーザンハピネッツではＵ18のチームを立ち上げるなど、アンダーカテゴリーの拡充が促進されつつあるがＢリーグとして明確な規則はない。そのため、暢がクラブの水野勇気社長に相談を持ちかけると「アンダー18などがあるためクラブとして正式にリリースを出すことはないが、個人的に指導をしたり、ＳＮＳで発信することは問題ない」と快諾を受けた。

運営側と選手。立場は違う。しかし、想いはひとつ。

バスケットボールの未来のために。

秋田ノーザンハピネッツの寛大な措置によって、改めて覚悟が固まった。７月。暢は能代科技のスペシャルアドバイザーに就任した。少しばかりの報酬をもらうため責任と使命感も強くなった。とはいえ、根本的な情熱には一点の曇りもない。

「本当は指導者として公式戦のベンチにも入りたいくらいの意気込みなんですけどね。まだＢリーグもいろいろ決まっていないこともあるだろうし、クラブも困るかもしれないから控えるところは控えながら。でも、こういった良い前例が僕をきっかけに広まっていけばいいなとは思っています」

暢が能代科技のスペシャルアドバイザーになったことでの影響は、やはり大きかった。

秋田ノーザンハピネッツのトッププレーヤーが同校の体育館で中学生を対象とした練習会を開催すれば、応募が殺到する。暢のようなしがらみの少ない20代のＯＢたちが集結し、能代工時代さながらのＯＢ戦も不定期ながら行われるようにもなっていった。

功労者の影響は絶大である。しかし、当の暢本人はというと、謙遜するように言う。

「大事なのは、選手と一緒に汗を流しながら自分が培ったスキルだったり、メンタルだったり、試合に入るための準備の仕方だったり、そういうことを伝えながら『頑張れよ！』ってサポートしていくこと。それが、彼らの一番の成長に繋がっていくと思います」

監督の理念が若者を刺激し、歴史を知る賢者たちも動かす。

能代科技で指導する能代工ＯＢは、暢だけではなくなった。高校時代に加藤と同期だった長谷川聡も、秀二のように県採用のテクニカルアドバイザーに就いている。神奈川県在住でありながら、ほぼ単身赴任状態で選手たちの指導に熱を入れる。元監督のひとりでもある佐藤も「元ちゃん、大変だろうけど、楽しんでやればいいんだよ」と会うたびに激励してくれる。

98年の「9冠」と99年の「無冠」を知り、現在は能代工バスケットボール部OB会の事務局を担当する小野弘樹も、胸のつかえが取れたように安堵の声を漏らしていた。

「能代工業の最後のほうは監督がコロコロ代わって勝てなかったりしたので、OB会でも意見が分かれたりしていたんですね。いい時代を知っている上の世代の方たちは『今を何とかしないといけない』と言うけど、私たちから下の世代になると『10年、20年のスパンで見守っていきましょう』というか。監督人事にしてもいろいろありましたけど、結局、昔みたいにOB会がどうこうできる時代でもなくなってきているんです。そんななかで、科技高になってからも暢とか若い連中が積極的に関わってくれたり、上の世代でも長谷川聡さんがコーチになってくれたこともあって、今はOB会もだいぶまとまるようになってきました」

保守と革新が融和する。能代工から能代科技に校名が変わろうと、血脈は途絶えない。魂は常に呼吸しているのである。

外様ではある。だが、「招かれざる監督」だった小松は、もう孤独ではない。

「ちょっと安心しているというか、逃げ場所を与えてもらえているような。『こういう人たちと出会えてよかったな』って思いますよ」

「バスケの街」の歩みとこれから

きみまち阪は江戸時代、断崖絶壁の悪路で「羽州街道最大の難所」と呼ばれていたそうだ。

1881年。明治天皇が東北地方を巡幸するにあたって整備されたこの道路を経由し辿り着いた地には、雄大な自然が広がっていた。一枚岩が連なる「屏風岩」。高台からは原生林が広がる七座山を望める景観に感動した明治天皇は、この地で一通の手紙を読まれたとされている。

大宮のうちにありても
あつき日をいかなる山か
君はこゆらむ

昭憲皇太后（皇后）が明治天皇に宛てた御歌と伝えられている。〈皇居の中にいても暑い日ですが、陛下はいずこの山を越えてゆかれているのでしょうか〉との意が込められた御歌を受け取った明治天皇は、翌年に「きみまち阪」と命名するよう宮内庁に通達されたと言われている。この御歌は、皇后から明治天皇への「恋文」として広まった。「恋文の街」「縁結びの町」として全国的に有名となった二ツ井町は、2006年に隣接する能代市と合併した後も、「まちおこし」として恋文をアピールしている。今ではこの地は整備され県立の自然公園として秋田県の名所となっており、春は桜やつつじ、秋は紅葉と四季折々の自然が出迎えてくれる。

日本各地の都市がそうであるように、能代市にもいくつかの「顔」がある。

そのひとつが「恋文」であり、「銀河連邦」もそこに加わる。

能代市にはＪＡＸＡ（宇宙航空研究開発機構）のロケット実験場があることから、日本の５市２町にある宇宙開発施設と「銀河連邦」を設立している。名称も「ノシロ共和国」をはじめ「サガミハラ共和国（神奈川県相模原市）」といったように、それぞれカタカナ表記となっている。能代の「ノシロリオン」など銀河連邦各地のヒーローが集結した「銀河連邦ヒーロー」も子供たちに人気だそうで、ユーモラスな設定を活かした各種イベントも好評を博しているのだという。

かつて「東洋一の木材の町」「木都」と呼ばれた能代市は今、多角的に街の魅力を発信し続けるが、忘れてはいけないのがバスケットボールである。

木材産業が凋落した後の能代市を支え、「バスケの街」として町おこしの象徴を務め続けてきた実績は誰もが知るところである。能代工ＯＢ会で事務局を担当し、能代市役所職員でもある小野が「正直な話をしますね」と前置きし、複雑な顔色を覗かせる。

「『バスケの街』としての町づくりをフェードアウトしていくつもりは市としては考えていませんし、市長も常に気にかけてくれています。でも、以前と比べてトーンダウンしているのは事実です。今まで能代工業が勝ち続けていたから、そこにおんぶにだっこの状態が続いていただけで、そうじゃなくなったら市としての支援も限界が出てきますよね。能代市にあるとはいえ県立の公立学校でもありますので」

小野のフレーズにあった「おんぶにだっこ」。言い換えれば、それは「甘え」になるのかもしれない。このような状況を的確に言葉としていたのが、元監督の加藤である。

「あまりにも勝ちすぎてきたから『〇〇してもらえるんだ』って、部としても当たり前だと錯覚してしまったところはあるのかもしれないですね。そこが勝てなくなった原因のひとつかもしれない、残念だけど。僕もそうだし、その後の監督だってそうかもしれないけど、１年、１年ちゃんとチームを作っているつもりでも、どこか疎かになってしまった部分があったのかな、と」

１９６０年代の黎明期は「のうしろ」と街を呼称されるくらい全国的に知名度の低かった能代工は、廣志が強豪へと押し上げると、その名も少しずつ認知されるようになり、地元も「おらが街の誇り」とばかりにバックアップが顕著となった。例えば、市内で有名な建設会社の社長が同校ＯＢということもあって優勝パレードではトラックを提供し、海外遠征の費用まで負担してくれる。資金力のある企業に留まらず、個人商店も気前よくバスケットボール部をサポートした。

前述のラーメン店を切り盛りしていた、現在81歳の藤田が懐かしむ。

「大会前になると宿舎にラーメンと餃子をいっぱい差し入れしてましたよ。全国大会で優勝するとね、〈祝・優勝〉ってのぼりを作って店の前に立てたりしてね。商店街なんか、そんな店ばっかりだったですよ。パレードが楽しみでね。しばらく見てないから寂しいです」

柳町商店街でのパレードのあとには市内唯一のシティホテルとして格式のあったキャッスルホテル能代（２０２０年８月に閉館）での報告会が行われた。能代市をはじめとする県北地区をカバーするタウン紙、北羽新報も能代工バスケットボール部を大々的に報じていた。高校生にとっては異例だらけの厚遇。彼らはまさに、街の英雄だった。

能代市にはバスケットボール振興に特化したセクションがあるため、そこには予算が充てられる。ただ、実を言うと常勝だった頃の能代工は行政からの支援をほとんど受けていなかった。

先に述べた建設会社社長の件や藤田の言葉からも分かるように、地元企業や商店、ＯＢやファンといった個人レベルでの協力が絶大だったためである。練習見学が自由の能代工では当時、「誰にでも元気よく挨拶をしなさい」といった鉄則があった。それは、「周りの全員がチームの支援者なんだ」という感謝を示すためでもあったのだ。彼らは多くの熱烈なサポートを意気に感じ、全国大会の頂に「能代工」の旗を立て続けた。ステークホルダーとしての役目を果たしてきたのである。

これが、栄華を築いた能代工の功績だった。

能代科技のこれから

「勝てなくなった」と言われ始めるようになった２０１０年代に入ってからも、能代市はバスケットボールに対して手のひら返しをしたわけではない。

12年5月に能代工の足跡を中心的な展示とし、県内のバスケットボール普及を目的とした「能代バスケミュージアム」をオープン。同時期から能代工への寄付も始めた。財源は市民の血税ではなく、市のふるさと納税のなかから「バスケの街の一環として、チーム強化に充てる」とし、能代科技となっても積立金を切り崩しながら支援をしている。選手のサポートとして、ＪＡ（農業協同組合）と市が折半で米を提供してくれているなど協力体制は継続されている。それは、市の財政課に所属する小野の説明に触れればわかる。

「全体的に市民のイベントなどの補助金だって削減しています。市としてあまり金をかけられないということです。今の時代と言いますか、移住者を招き入れるとか人口増加の対策だったり、企業誘致だったり、そちらに予算を優先的に回すとなると、どうしても減らさなくてはいけない部分があるわけで。それが結果的にイベント関連になってしまっているということですが、バスケの振興費、推進事業費はそれなりに充てられていると思います」

バスケットボールへの期待度がまだ高いことは市が公開している予算書からも窺える。

10年前の13年に１１１８万５千円だった予算は、７年後の20年には倍以上の２５９４万６千円にまで増やされている。21年は２００２万円、22年は１９８９万４千円と減少傾向にあるが、23年は２０４４万１千円と増加している。新型コロナウイルス感染症対策のためで、能代カップなどのイベントでの設備投資なのだという。

地方都市のスポーツ事業に数千万円規模の予算が投じられていることからも、まだ「バスケの街」

は完全に衰退していないことがわかる。ただ、現場の人間からすれば、使途が不透明であることに疑問が生じていることもまた否めない。

県バスケットボール協会の県北地区で要職を務める小松がそのひとりだ。

校名が能代科技となった21年から監督を務めるようになって、小松はそんな現状を当事者として確信するようになっていった。

今でも寄付金や補助金が分配されているとはいえ、小松やバスケットボール部に使い道を決める権限は与えられていない。論理的に「こう使ってみたらどうですか?」と願い出たとしても、必ずしも意見が通るわけでもない。そこには当然、市やＯＢ会が絡んでおり、彼らの煮え切らない姿勢が小松をもどかしくする。

「私が能代市の出身じゃない外様だからかな、なんてことを考えてしまうくらい、悲観的になってしまうというか」

小松が訴えたいことは、とてもシンプルである。

「バスケの街」として科技高をアピールしてくれるのなら協力し合いましょう。市が県立学校にあまり干渉できないのだとすれば、お互いに必死に説得しましょう。つまり、「バスケの街」を推進し続けるのであれば本気でやりましょう――これだけなのだ。

小松の言葉が熱を帯びる。

「『県立高校を平等に』と言うのならそれでもいいんです。そこで頼りになるのが地域じゃないですか。どれだけ地域がサポートしてくれるかで、能力のある子供が科技高に来てくれるかもしれないじゃないですか。本当に例えばですが、寮費だったり、食費を免除できるとか。もちろん専用の体育館があったり、練習の環境も公立としては恵まれているほうでしょうけど、さらに良くするために見直してくれたりだとか。具体的な提案を出すなら現場としてはいくらでもあるわけです。真剣にチームを強くしたいのであれば、多少は理解してもらえるとありがたいってだけなんです」

　小野が「ＯＢたちもまとまるようになってきた」と言っているように、ＯＢ会長をはじめ小松の意見に耳を傾けてくれる人間は少しずつ増えている。

　だからといって、黄金期のようなバックアップ体制に戻りつつあるのかというと別の話だ。小松とも懇意にしている市役所勤務の小野が、申し訳なさそうに事情を述べる。

「今の時代、市民の税金をひとつの県立高校に使うというのは難しいんですよね。極端な話、全国優勝していれば市も地域も支援しやすいと思うんです。実際、21年の夏と22年の春に能代松陽高校が甲子園に出場した時はそうなっていますし。私が言うのもおこがましいですけど、そのへんのバランスというのがどうしても取りづらくて」

　能代科技も能代松陽も、全国大会に出ている点では立場は同じである。後者が厚遇されているわけではないにせよ、能代科技がシビアな目で見られてしまっているリアルな証左である。

　能代工が勝ち続けていたことで地域が活性化したことが「功」であったことは先に述べた通りだが、勝ちすぎたが故に反動も大きい。いわば「常勝」ということの功罪。これが、能代科技となった今でも重く伸しかかっているのかもしれない。

なんかね……少し言いづらそうに、小松がバスケの街の本質を漏らす。

「現状を周りにはっきり伝えずに、〈日本一を目指して〉みたいなノリでやっているから、発信する側からすればどうしても苦しくなるじゃないですか。『バスケの街』がトーンダウンしていることを隠しているようにも感じるんですよ」

学校と市、地域が三位一体となって足並みを揃えられていない現状であったとしても、小松は恨み節を並べたいわけではない。彼が明かした根幹を換言すると、これもまたシンプルなのである。

みんなで一緒に戦えれば、結果を残せるということである。

「長谷川暢選手や聡さんだったり、能代工業を知る経験豊かな人が少しずつ協力してくれるようになったのは本当にありがたくて。ここにはバスケットボールに集中できる環境はありますから、みなさんがサポートしてくれればやれる自信はあります」

そう宣言する小松が喫緊の課題として挙げたのが人材。有望選手の獲得である。

繰り返すようだが、「私学優勢」となっている近年の高校バスケットボール界において、公立校は長らく冬の時代を過ごさざるを得なくなっている。秋田県は能代工や秋田ノーザンハピネッツの存在もあり、「バスケどころ」としてアンダー世代から優秀な選手が育っているが、彼らを高校進学のタイミングで県外の私立へ流出させてしまっている現実は否めない。

1999年にマネージャーを務め、現在は秋田市内の公立中学でバスケットボール部を指揮する国塚清希が現場レベルで状況を説明する。

「県の強化指定選手でも県外の高校を受験する中学生がすごく多くなってきています。２０２２年より23年のほうが増えていると思います」

国塚の示唆は正しい。秋田県の県紙である秋田魁新報が23年6月10日の紙面で、中学生の県外流出について大きく報じていた。記事には主にこんな内容が書かれていた。

〈バスケットボールを含む15競技61人を対象に調査した結果、秋田県が指定した強化選手が県外の高校へ進学した割合は過去最多の18人で、前年度の９人から倍増した〉

また、記事内では中学生を対象としたクラブチーム『能代バスケットボールアカデミー』にも触れられていた。同クラブでは中学３年生13人中４人が県外の高校へ進学したという。記事では、〈前年度まで1月に行われていた推薦入試が一般入試と同じ3月に行われるようになったことで、公立よりも入試の時期が早い私立への進学を決める生徒が増えたのではないか〉とも分析されていたが、それに加えて、環境や実績に優れた私立が、学費や授業料を免除するといった好待遇で勧誘していることも大きい。中学生としては俄然そちらに気持ちがなびいても仕方がない。

秋田県内のスポーツ界が窮状を訴えているとはいえ、この年、能代科技に13人の新入生が入部した。このなかには、能代バスケットボールアカデミー出身者や中学で全国大会を経験する有望選手もいるのだという。

「科技高に『来たい』と興味を持ってくれる中学生が県内外で出始めてはきているんです。これが続くかどうかはわかりませんが、昔みたいに『日本一を目指す』とまでは言えないにしても、『能代科技のような環境でバスケットがやりたい』と思ってくれている中学生は確実に増えてきていて。そういう意味では、これまでの取り組みは間違っていなかったなって思っています」

小松は低空飛行を続けている「バスケの街」を憂え、嘆いてもいるが、そこに苛まれているだけではない。暢や聡といった能代工ＯＢに積極的に協力を求め、速攻や走るバスケットボールといった王道を復活させようとしている。種を蒔いてきたからこそ、前向きな今も作れる。

黄金期のような強さはない。だが、能代科技のバスケットボールにはどこか魅力がある。市民やファンも、少しずつそのことに気づき始めているのだ。

能代工のハートを継いで能代科技は挑戦する

能代科技となってからもインターハイとウインターカップにはすべて出場している。国体は19年からジュニア世代の強化を目的に参加資格が「16歳以下」（中学生と高校1年生、17歳未満の高校2年生が対象）となったため、単独チームでの出場は事実上、不可能となっていることから彼らにとっての目標は、この2大大会でいかに勝ち上がれるかとなっている。

「科技高のバスケ、いいんじゃない？」

全国大会への出場という最低限の面目を保てていることもあって、少しずつそんな声が聞こえるようになってきた。周囲の注目を引くのはそれだけではない。能代科技のバスケットボールに往年の面影を重ねているからでもある。

攻撃と守備の素早いトランジション。激しいオールコートプレス。なにより、40分間走り抜き、ルーズボールやリバウンドに執念を燃やす。栄華を極めた時代の再現とまでは言えない。だが、愚直なまでに「能代工のバスケ」を貫く選手たちに、観衆はパッションを抱くのである。

外様監督である小松が、ただひとつ能代工の魂を受け継ぎたいと実践するのがこれだ。

「私たちが知っている能代工業のバスケの良さってそこじゃないですか。原点に返るじゃないですけど、全国で勝つためにシンプルに突き詰めていきたいとは考えています」

小松が能代科技で志すのは踏襲ではなく、温故知新だ。

同じ「走るバスケ」を展開するにしても、田臥たちが披露していたようなアグレッシブなオフェンスをできるほど現在の選手たちに高いスキルはない。そこで、ディフェンスで我慢しながらスティールやターンオーバーを狙いすぐさま攻勢に転じる、堅守速攻を目指すといった具合だ。

22年のウインターカップでは初戦で宇都宮工業高等学校に敗れたものの、「能代工らしさ」は出したつもりだった。センターやパワーフォワードを得点源とし、ゴール下のローポストにボールを供給するのは「能代工業のバスケじゃない」と小松は言い、速いパスワークからインサイドに切り込み、ペイントエリアを固められればアウトサイドからシュートを狙うバスケットボールを見せた。中心選手のふたりが試合当日の朝に体調不良を訴え欠場したことが大きく響き、75-１０３と大差をつけられての敗戦だったが、小松ははっきりと言葉を刻んでいた。

「技術は能代工業時代に遠く及ばないですけど、ハートは能代工業だと思っています」

能代という街は心を揺さぶられるものを求めている。それはやはり、バスケットボールなのだと再認識させられたのが23年の能代カップである。5月のゴールデンウイークに能代市総合体育館で開催される恒例のビッグイベントで、能代科技は暢たちが3年だった14年以来となる3勝を挙げた。

今も厳しく見守るファンやＯＢのなかには「今年は強いチームを呼んでいない」と、現実から目を背けるように冷ややかな視線を送る者もいたそうだ。だが、能代科技は洛南、前橋育英高等学校、市立船橋と全国の常連に勝利し、22年のウインターカップ優勝校の開志国際に81-98、同大会3位の中部大学第一高等学校（愛知県）にも78-83と善戦している。身長2メートル超えの留学生を有する全国屈指の強豪校とも、敗れはしたが対等に渡り合えたことに意義があった。

能代市役所勤務の小野が、「まだバスケ熱は冷めてないんだ」と声を上ずらせる。

「今は自治体からも積極的に情報を発信できるようになったので、全国各地で様々なイベントができたり選択肢は広がっているじゃないですか。今年、能代カップの会場には１０００人を超えるお客さんが入りました。そのなかで市外から来場される方はかなり熱心なファンに限られてくると思うので、ほとんどが地元の人なんですよね。それは科技高が街から『期待されてる』って表れなんです。今年の能代カップで改めて感じました」

コートサイドでチームを指揮していた小松も、会場の歓声や拍手こそが期待度の高さなのだと受け取っていたし、大いなる手応えを抱いていた。

「やっぱり勝つことでお客さんが来てくれるし、会場が盛り上がる。周りの見る目は変わるなって痛感しましたよ」

能代科技となって3年連続の出場となった夏の北海道インターハイ。初戦で桐生第一高等学校を100-88で退けると、2回戦ではNBAプレーヤーの渡邊雄太を輩出した香川県の強豪、尽誠学園高等学校にも第3クォーターまで63-57とリードするなど優位に試合を運んだ。結果的に最終クォーターで逆転を許し敗れてしまったが、小松は「私のミスです」と言い訳しなかった。

理解者やバスケットボールにシンパシーを感じてくれる人が増えたと言っても、やはり敗ければ非難されるのは能代科技となっても変わらない。大会後は選手に休息を与えることを勧める小松に対し、ファンやOBのなかには「昔は敗けると厳しい練習をしたものだよ」と突っついてくる者もいる。本音を言えば不愉快になることもあるが、その度に「勝たないと認めてもらえない」と奮い立つ自分もいる。小松が「私、器が小さいんで」と自虐的な笑みを浮かべながら言う。

「『選手をねぎらってよ。あと、少しは俺にもね』とか思いますけど、勝たないと伝わらないことってあるんですよね。今年の夏の甲子園で慶應が優勝したじゃないですか。髪を伸ばしてるだとか、エンジョイ・ベースボールだとか大会中にずっと言われていたので注目していたんです。実際には泥臭いことをたくさんやってこられた結果なんでしょうけど、あえてスマートな部分を表現する森林監督の勇気は素晴らしいなって思いました。本来の高校野球とは違うスタイルだったとしても日本一になればその取り組みが肯定されるんだって」

小松が挙げた慶應義塾高等学校は、坊主頭で監督に絶対服従、ピッチャーは炎天下でも連投し、泥水をすすってでも勝利にしがみつくといったような印象を与えがちな前時代的な高校野球とは真逆を進むようなチームである。要は合理化を推奨しているのだが、高校野球の全てを否定しているわけでなく、モットーとして掲げている「エンジョイ・ベースボール」にしても、ただ「楽しむ」ではなく「より高いレベルで野球ができれば楽しいよね。だったら、しっかり練習しよう」という意味である。普段の練習では監督ではなく選手主導で、「ノーアウト一塁で送りバント」といったセオリーもあれば、点差などの試合展開を考慮した上で「ここは、盗塁でランナーを二塁まで進めたほうがよくないですか？」といった意見が、グラウンド上で頻繁に飛び交う。

このスタンスは、監督の森林貴彦が作り上げたというより慶應義塾の伝統でもある。高校野球の慣例に縛られることなく自由に土壌を育むチームだからこそ、小松はシンパシーを感じたのだ。

「今のうちでは日本一は難しいですけど、それでも日本一を目指さなければいけないんだなと思わされました」

能代科技となってからはまだ、全国大会で上位進出を果たせていない。それでも、能代工の意志を受け継ぐチームとしての矜持はある。

きっとやれる――という信念だ。

「ベスト8まで行けばみなさん、私の言うことも聞いてくれるのかな？」

相変わらず冗談めかしながらユーモラスな文言を並べる小松の言葉は弾んでいた。

「もちろん勝ちたいですけど、大事なのは科技高で『バスケットボールをやってよかった』と思って子供たちに卒業してもらうことなんですよ。教師としてはそれで十分なんです。全国大会の1回戦で敗けたとしても『よくやった』って褒めます。まあ、県大会で敗けるようなことがあれば『この野郎!』とか言っちゃうかもしれないですけど、私は科技高に来てくれた子供たちが本当に大好きだから、楽しんでバスケットをやってもらいたいんです。それが、将来的に結果となってついてきてくれるんじゃないかなって感じもしています」

スローガンは捲土重来

23年の初秋。「バスケの街」の名所が、またひとつ姿を消した。

柳町商店街から能代科技へと続く交差点付近にあるガソリンスタンド。ここには田臥、菊地、若月のプレースタイルをリアルに表現した巨大壁画が描かれている。能代工バスケットボール部の大ファンだった先代の社長がしつらえたものだそうで、地元で知られる〝バスケスポット〟でもあった。長引くロシア・ウクライナ戦争により原油価格が高騰し続けていることも原因なのかもしれないが、「バスケの街」の栄枯盛衰の一端を表しているようでもある。

低迷する景気の影響も受け、かつてのような盛り上がりはないかもしれない。だが、能代カップに人が集まったように、「バスケの街」はまた鼓動を高めている。

　小松が少し嬉しそうに言う。

「若い方々が練習を見学に来てくれたりね。まあ、うちのバスケ部どうこうってより、スラムダンクの映画（『THE FIRST SLAM DUNK』）の影響だと思ってますけど」

　能代工時代と変わらず、能代科技は今も体育館での練習を公開している。地元在住と思しき年配の夫婦もいれば若い女性のグループもいたりと観客の層は様々で、入口に設置してある来場者名簿には外国人の名前も記帳されてあった。休日にもなれば50、60人ほどの観客が来ることもある。地方都市の公立高校の部活動としては、なかなかの動員数である。

　時計の針が午後４時を指すと、選手たちは一斉に動き出す。

　ウォーミングアップから決められたメニューが進行される。選手の動きはバラバラで、笑みも絶えない。そうかと思えば、3対3や5対5といった実戦形式のメニューになると顔つきが変わる。シュートを決める、リバウンドを捕る。その度に「おっしゃ！」と雄叫びが飛び、ガッツポーズが出る。体育館には、選手たちの感情がほとばしっていた。

　午後６時30分になると部員たちはコートを囲むように大きな輪を作り、中央にボールを置く。「ごいっす、ごいっす……」と３６０度に頭を下げて、その日の全体練習を締める。これは、能代工時代から続く伝統でもある。自由であり、厳かでもある。能代科技の今のスタイルだ。

「今までのいいものは残しながらも、少しずつ時代に合わせていきたいと思ってます。まだ全員に受け入れられるわけではないかもしれないけど、私はやれることをやるだけですから」

能代科技の監督となってから、小松は選手たちをこのように鼓舞し続けている。

「俺たちが〝捲土重来〟したら面白いでしょ」

常勝・能代工の復権とまで大それたことを掲げるつもりはない。ただ、校名が変わろうとも先人たちの意志を受け継ぎ、巻き返しの気概をコートで打ち出すことによって、やがてチームと街が盛り上がっていくことへも繋がっていくはずである。

だから、この四字熟語を能代科技のスローガンとした。

前へ、前へと、推進力だけは失わない。

背伸びをしない小松だからこそ、同志たちも足元を見据えて歩を進めることができる。

能代科技と並ぶ秋田のバスケットボールのシンボル、秋田ノーザンハピネッツ。

23年10月7日。敵地で迎えたレバンガ北海道との開幕戦でスタメン出場を果たした暢は、ポイントガードとしてゲームをコントロールし、自身も11得点を挙げて勝利に貢献した。

能代工出身。地元で支持の厚いプロチームの主力選手は、能代科技へと名を変えてもなお誇りに満ちた母校のホワイトとネイビーのユニフォームに、強者の意志を見る。

そして、能代科技の現役世代が先人たちの血を繋ぐ。3年連続の出場となった23年のウインターカップ。彼らは全国のコートで何度も訴える。

俺たちには、プライドがある。

2007年10月、秋田国体。福岡に勝ち優勝。これが能代工として最後の全国制覇となる。

能代工高
8
能代工高
8
能代工高
4
能代工高
4

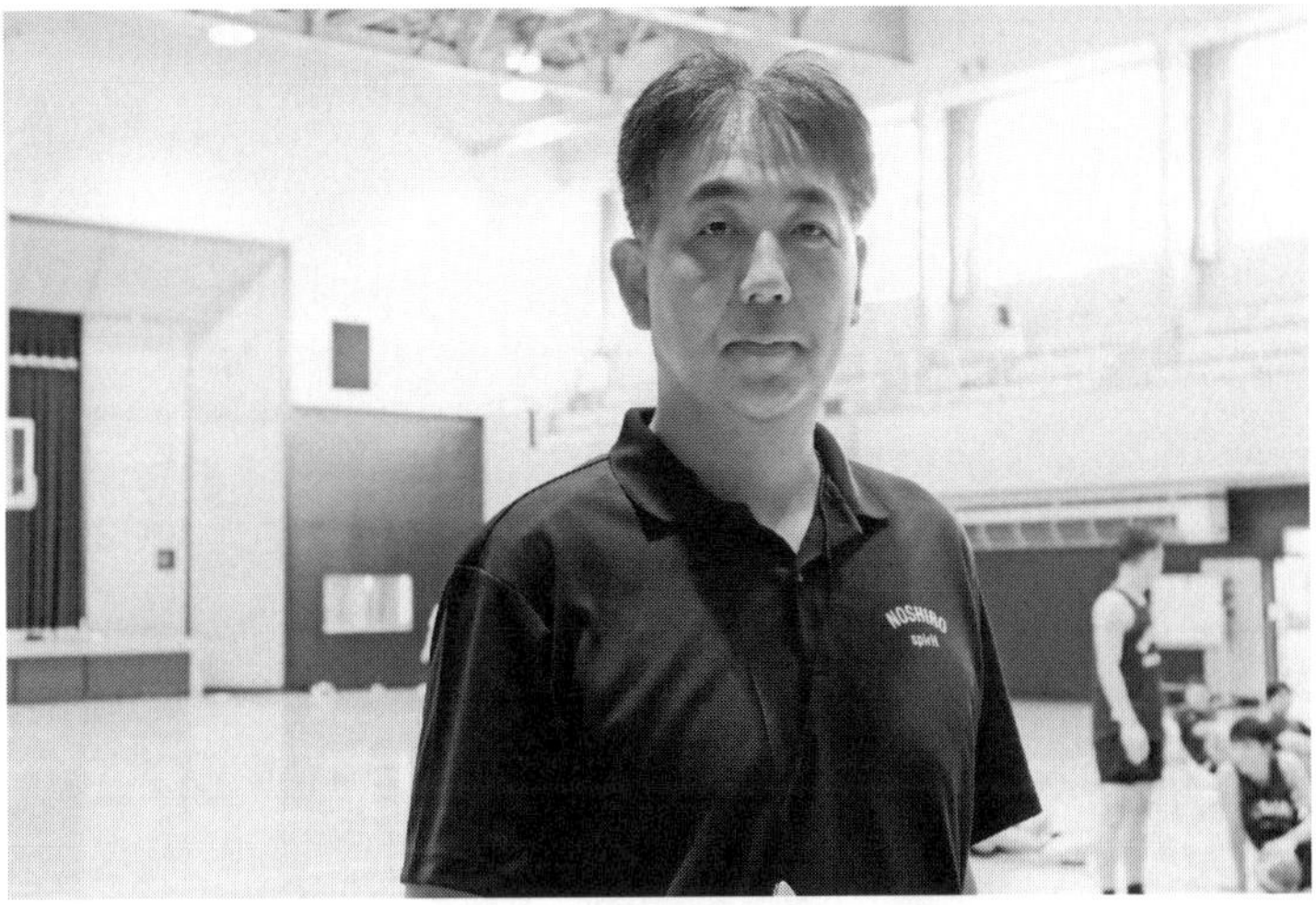

能代科技の小松元監督。能代工OBではないが地元のために奮闘する。

能代工OBで現役Bリーガーの長谷川暢選手が、コーチとして練習を見守る。

JUST
DO
IT
TABUSE
WAKATSUKI
KIKUCHI
能代工高
4
5
6
応援します、バスケの街能代
火気厳禁
apollostation

第6章

その後の9冠世代（2023年）

いまも戦い続ける田中学キャプテン

ロッドマンが飛ぶ。

高校時代に随一と言えたストロングポイントにより磨きがかかっている。それだけではない。ゴール下をより制圧できるようになったことで得点力も飛躍的に上がった。

東京学芸大学の「91」。ＮＢＡのスーパースター、デニス・ロッドマンと同じ背番号でコートに立つ田中学は、もう素人ではなくなっていた。

大学のリーグで「最高峰」と呼ばれるほどレベルの高い関東大学バスケットボールリーグ戦で、３部でリバウンド王、４部で得点王を獲得。下位リーグに所属していたとはいえ、市立船橋や新潟商と強豪校出身者がいたし、当時の東北大学リーグ一部の上位クラスに匹敵すると言われていたほどだからレベルが低くないことがわかる。そんなチームで田中は、高校に続きキャプテンを務めた。

１学年下で能代工のマネージャーを務め、同じ大学でプレーした西條佑治が唸る。

「大学では、っていったら失礼ですけど、学さんはもう、すごい選手でしたからね」

東京学芸大を卒業後も田中はロッドマンだった。

地元に戻り、三種町役場に勤務する傍ら地元クラブチームの三種体協琴丘でプレーした。ここでも背番号は91。「リバウンド王」は健在だった。２００７年の秋田国体では成年男子チームのキャプテンとして3位入賞へと導いている。

バスケットボールも仕事も実直。「やれることをしっかりやる」というスタンスは、高校を卒業してからも田中の持ち味だった。10学年上の能代工OBで三種町役場でも先輩だった鎌田誠が、笑い話を交えながら後輩への信頼を口にする。

「そういう学の姿勢が能代工業にもフィットしたんだろうし、その後のバスケ人生にも生かされたんでしょう。仕事でも真面目でね。夜に飲みに行って、翌朝が5時集合といつもより出勤が早い日があったんですよ。そこで学がちょっとだけ遅刻したんです。10分とか15分ですよ。こっちとしては全然気にしてなかったんですけど、学はすごく申し訳なさそうにしてて。やらかした分を取り戻すみたいに、その日はいつも以上に働いてましたね。目を真っ赤にさせながら」

11年2月18日。その田中が、突然倒れた。

心筋梗塞だった。もともと健康診断で不整脈の気配があると言われてはいたが、前触れもなく訪れた病に周囲は現実をすぐに受容することができていなかったという。鎌田が言う。

「クラブの練習が木曜だから、金曜日だったというのは覚えてるんです。職場で『田中さんが……』みたいに言われても、『どこの田中？』ってくらい、すぐには受け入れられなくて」

心肺停止状態で病院に運ばれると、家族は医師から「時間の問題」と告げられた。幸いにも一命をとりとめたものの、田中の意識が回復したのは倒れた日から49日後のことだった。同級生や後輩問わず、能代工時代に彼とともにプレーした仲間たちは「本当にヤバいと思いました」と口を揃える。命を繋ぎ留められたことは、それほどの奇跡であった。

再び生命の息吹を取り戻した田中ではあったが、病の後遺症は残った。

低酸素脳症と高次脳機能障害を負って運動失調や視覚障害、言語にも多少の支障が生じるようになった。誰よりもコートを往復し、ゴール下を制する。今まで当たり前のようにできていたプレーができなくなる。翼を失ったリバウンド王は、病後、親しい人間に失意を漏らしたほどだった。

「全てを失ったようで、どん底……」

安易かもしれないが、神様は乗り越えられる試練しか与えないと言われている。実直な田中だからこそ難局を克服できたと、誰もが納得する。

病院にリハビリセンター。場所を変えながら懸命に運動機能を回復させようと励む。タフなプレーヤーだっただけに、自分の体をコントロールできないもどかしさはあった。だが、一歩ずつ、前へと進む。高校バスケットボール界で「最強」と呼ばれたチームで、競技未経験からキャプテンにまで上り詰めた男である。素人は、強いのだ。

医師から自宅での生活の許可が下りたのは、3年後の14年4月だった。田中は実家のある三種町から近隣の病院に通うこととなった。そこで階段の昇降などの運動、言語機能回復のための訓練を行った。自宅でもバイク漕ぎや踏み台昇降を続けながら、家族との1時間の散歩も日課とした。変わらぬリハビリ生活。しかし、少しずつ取り戻せている日常があるだけでも、大きな前進だった。

16年10月29日。田中が回復した姿を見せたのは、高校時代を過ごした能代市でのことだった。

この日から2日間、開催される秋田ノーザンハピネッツ対栃木ブレックス戦。田中が高校3年生だった1996年から「3年連続3冠」の象徴としてチームを牽引していたブレックスの田臥勇太が凱旋するとあって、会場の能代市総合体育館は観客で埋め尽くされた。その試合でのセレモニーに登場したのが、田中と1学年下でキャプテンだった畑山陽一だった。

この頃になると、運動機能はだいぶ回復してきた。といっても、どうしても足取りはおぼつかない。本当ならコートで花束を受け取るはずの田臥が田中の下へ走り出し、畑山とともに支える。9冠の時代のキャプテン3人が寄り添う姿に観衆は胸を打たれた。

「あのセレモニーの時に比べたら今の学さん、だいぶ良くなりましたもんね。すげぇっす、マジで」

畑山が現在の田中に驚嘆を表す。弱視のため視界は狭いが、ゆっくりならば介助なしで歩くことができる。言語にしても時折、言葉は詰まるが会話はできる。田中もそんな自分を理解してか、話す際は口語というより単語を並べて相手へ伝える努力をしてくれている。想いをはっきり伝えたい場合はメールを活用する。音声を認識して活字に変換できるアプリケーションを使用しているため、スマートフォンは手放せないのだと田中が笑う。

「これ、パンです」

そう言って手渡してくれたのは、現在、活動に参加している障害者総合支援センターで作った食パンだった。地元の秋田県と青森県を跨ぐ世界自然遺産の白神山地で採れた、発酵力が強く、国産小麦との相性が良いとされる白神こだま酵母を使用した一品はしっとりとした食感が特徴的で、同センターで田中たちが作ったパンは「白神酵母食パン」として販売もされている。

現状を丁寧に説明してくれた田中は、「USB」と言ってメモリースティックを渡してくれた。

「これにだいたい入ってるんで。自分が言うより、わかりやすいと思ったから」

USBメモリーに記録されていたのは、主に病気をしてからの歩みが紹介されていた支援センターでのイベント映像だった。まるで、本書で病気のことを触れさせてもらいたいというこちらの現金な思惑を全てわかっているかのように、田中が優しい表情を浮かべていた。

それでも念のため、口頭で許可を求める。——本当に、いいですか？

田中は微笑みながら、また頷いてくれた。

能代工で燃え尽きたバスケットボール人生

「元気でしたか。話を聞くだけで嬉しくなりますねぇ」

田中に直接会って話を聞かせてもらったことを報告すると、金原一弥は自分のことのように喜んだ。盟友が病から復帰した後も電話で会話をすることがあるのだという。金原は今、東京の企業で働いていることもあり会って話をすることはないのだというが、高校時代にマネージャーとキャプテンとして過ごした時間を慈しんでいる。

正確には、「慈しめるようになった」と表現したほうがいいのかもしれない。

金原にとって能代工での3年間は濃密すぎた。とりわけ、マネージャーとなった3年生の1年間は、1年生に田臥、菊地勇樹、若月徹の「ルーキートリオ」が入学したこともあって注目度が高かった一方で、試合では後輩たちの力を借りなければならないといった忸怩たる思いとも闘っていた。キャプテンとふたりで「不甲斐ない」と落胆を共有しながらも、チームでは裏方として尽力し手にした3冠は、今でも誇れる勲章である。

「僕はね、高校で燃え尽きちゃったんですよ。高校で出し切っちゃいましたね」

金原のバスケットボール人生は、実質的に高校で終わっている。

卒業後は地元の宮城県古川市で中学生などを指導したりと、趣味程度ではプレーしていたものの、本人は「やってないに等しいですよ」と笑う。

そして、自然と秋田からも足が遠のいていったのだという。

「秋田に行くと高校時代を思い出して怖くなるから。これは冗談ですけど、それだけやり切ったってことです。もともと地元の人間じゃないっていうこともありますしね。学とか同期とは連絡を取り合ったりしていましたけど、卒業してから10年くらいは行かなかったんじゃないかな」

ジョークを交えながら理由を話してくれた金原は、〝筋肉ダルマ〟と後輩たちからひそかに恐れられていたようなゴツゴツとした体形ではなくなった。自分からバスケットボール経験者だと明かさない限りは気づかれないほど細身となった。

能代工で田中や田臥たちとともに汗を流した青春の記憶は、今では会社の同僚たちとの間で絶好の酒のつまみになっているのだという。

教員ではなく市役所職員になった畑山

2年生からコートの司令塔として2年連続3冠の立役者となったポイントガードの畑山は、高校を卒業後、一時的に〝行方不明〟となった。

実際には仲間内での都市伝説のようなもので、陽気な畑山だからこそ当時のチームメートたちは「畑山が行方不明になったの、知ってます？」といじるように教えてくれる。

そのことを本人に尋ねると、「ははははは！ そうっす、行方不明でした」と、やはり乗ってくる。

「当時はダメ人間で、たくさんの人に迷惑をかけたと思います」

そして、付け加えるように畑山は恐縮する。

「お前はそれなりの大学に行って教員免許を取って、地元に還元するんだよ」

監督の加藤三彦からの期待を受けて進学した早稲田大では、1年時に椎間板ヘルニアを発症して1年以上、まともにプレーができなかった。2年生で復帰してからも、自主性を重んじるチームになかなか馴染めず練習を休みがちになっていったのだという。

「能代でのバスケがきつかったんで、物足りなさはあったんですよね、正直。でも、完全に甘えですよ。あそこで頑張ればよかったんですけど」

コートから足が遠のいた畑山は、アルバイト三昧の日々を過ごした。これが、いわゆる「畑山失踪事件」の内幕である。３年生になっても〝キャンパスライフ〟にハマったままでまともに練習に参加しなかった畑山だが、なぜか４年生になるとキャプテンに任命された。

「お前じゃないとダメだ」

仲間たちからチームの牽引役を託されたのは、それだけ畑山が高校時代と同じように周囲を明るくし、コート上では誰よりもゲームを動かせるプレーヤーだと誰もがわかっていたからだった。

「大学で一番頑張ったのは最後の４年生だけでしたね。もっと真面目にやっていればよかったんですけど、時すでに遅しで」

３年生までのツケが溜まり、畑山は大学を４年で卒業することができなかった。「どれくらいですかね？　長くいましたね」と冗談っぽくお茶を濁していたが、その後は東京の企業で働き２００９年に地元に帰った。今は横手市役所で勤務している。

公務員となった畑山は、「指導者のレールを敷いてくれた三彦先生には申し訳なかったですけどね」と頭を掻く。恩師の加藤本人は、そんな教え子の人生を受け止めるように言っていた。

「あいつらしいなって。横手市役所に就職が決まった時にちゃんと連絡してくれたし。いいんですよ、自分が思った道を進めば」

ラグビーに転向し社会人トップリーグで活躍

我が道を進むという意味では、能代工時代に畑山とともにチームの柱だったセンターの小嶋信哉のほうが特色がある、というより異色だ。

高校を卒業後に関東大学バスケットボールリーグの名門、専修大学に進んだ小嶋は関東選抜に選ばれるなど力を示していたが、同時に壁も感じていたという。

「高校の時から感じてはいたんですよ。田臥の一つひとつのプレーが信じられなかったですし、ジュニアの遠征とかでも海外の選手は『全然違うな』と思っていたなかで、『どういう努力をすればいいんだろう』と想像がつかなくなってしまったところもありましたね」

小学校からバレーボールや野球など様々な競技に触れ、中学では3種競技で県のトップになるほどだったため、もともとバスケットボール以外のスポーツにも関心があった。それが、大学に入ると再燃したのだという。小嶋が選んだ競技は、ラグビーだった。

「三彦先生に『ラグビーに行け！』とか冗談を言われながら怒られたりしたことも思い出したりして。自分に向いてるかもしれないって」

高校時代から田中ら先輩たちにも「ほとんど趣味」と言われるほどのウエート信者だった小嶋にとって、フィジカルがものをいうラグビーはマッチした。

専修大を卒業すると、社会人ラグビートップリーグの日本ＩＢＭビッグブルー（現：ＢＩＧ ＢＬＵＥＳ八千代ベイ東京）に入団。未経験だったこともあり、駆け引き無用とばかりに体と体が衝突するラグビーに慣れるまで3年ほど要したが、以降は「ロック」としてチームにフィットしていった。ロックとは、フォワードの2列目で鍵をかけるようにしっかりとスクラムを組む役割から名づけられたポジションだ。選手たちの密集時でのサポート、ボールを持てば猪突猛進に敵陣に切り込むハードワークに、能代工でセンターを担った小嶋は適性があったのかもしれない。チームのスタメンに定着するなど実績を積んでいき、その後、ＮＴＴコミュニケーションズシャイニングアークス（現：浦安Ｄ‐Ｒｏｃｋｓ）に移籍。13年に現役を引退した。

11年間のラグビー人生。12年間続けたバスケットボールとほぼ同じ期間、プレーしたことになる。これが小嶋の肥やしになった。

「スキルというよりは、スポーツにおける感情ってやっぱり大事なんだなって。そこが一番でした。能代は特にそうだったかもしれないですけど、バスケって感情を出し過ぎると相手にプレーとか読まれたりするので『人間的な部分が死んじゃってたのかな』と思ってしまうくらいに抑えていたというか。でも、ラグビーは嬉しい時は嬉しい、悔しい時は悔しい、ムカつく時はムカつくと、感情を前面に出すんですよ。この両極端な部分を学べたってことも大きかった。あとはチームプレーですよね。バスケもラグビーも『チームのために』という気持ちが前提としてあって初めて成り立つスポーツだと思うので。ふたつの競技をやったから、今、ミニバスを教えているっていうのはあるんですよ。バスケだけだったなら絶対にやってないですから」

都内の企業に勤務する小嶋は、退社後や休日にはミニバスケットボールチーム、陽光台ＬＯＶＥＲＳでバスケットボール経験者の妻とともに後進の育成に励んでいる。

娘も所属していたチームには自分と同世代の保護者が多く、小嶋が能代工の出身で田臥たちとともに常勝時代を築いた選手ということも知られている。

「20年以上経っているのに今も覚えてもらえているのはありがたいですよね。それだけすごいことをやったんだなって」

ビッグマンが、少し照れる。バスケットボールとラグビーで鍛え上げられた肉体は今も逞しい。

全国大会に8回出場の強豪バスケ部監督

西條には意地があった。

いくら能代工のマネージャーが「人間的にもプレーヤーとしても仲間から一目置かれる存在」と称されていたとしても、他のチームの見る目は違う。全国大会で得点を量産した中学時代を知る者たちから「あいつ、挫折したんだな」といった視線を向けられているかと思うと、試合会場でジャージー姿の西條は納得できない自分を感じていた。

だから、高校を卒業したらプレーヤーに戻ると決意していた。

加藤から薦められた大学はすべて断った。そこはマネージャーになることが前提だったからだ。西條は田中ら能代工の先輩も進んでいる東京学芸大を志望し、自らの力で受験を突破。まるで憑き物が除去されたかのようにプレーし、1年からシューティングガードとして経験を積むと、のちにポイントガードとしてチームを牽引するまでの存在となった。

大学を卒業後はバスケットボール専門誌を発行する出版社でのアルバイト生活を経て、地元・群馬で教員となった。初めての赴任先でバスケットボール部の監督にもなった群馬県立太田東高等学校は当初、茶髪にピアスをした部員もいたほどで「本当に活動してるのか？」と訝しがるくらい競技に対する意識は低かったが、在籍6年の間に関東大会に出場できるまでのチームに叩き上げた。

西條が指導者となって目指すバスケットボールとは、やはり原点の能代工スタイルだ。厳しいプレスディフェンスからの速攻、インサイドだけではなくアウトサイドからのスリーポイントシュートも積極的に取り入れ、ルーズボールへの執着心も選手たちに植え付ける。09年に異動した桐生市立商業高等学校でも、そのフィロソフィーを貫いている。

新天地でも男子を指導するかと思いきや女子バスケットボール部しかなく、当初は「拍子抜けした」と西條は苦笑いする。しかし、全国大会出場が1度しかなかった桐生市立商を13年にインターハイとウインターカップ出場へと導くと、22年までに全国の舞台に8回立っている。

結果を重ねられる背景のひとつとして、チームの核となる存在の育成を西條は重視している。それは自身のマネージャー経験からくるわけだが、彼はその役割を強調することを好まない。

「自分がそうだったから、『強いチームにはいいマネージャーがいる。だから、うちからも出したい』とは、なかなか言えないんですよね。だからうちでは、『エース兼務』みたいなケースが多いです。練習でも試合でもしっかりとチームを捌けるとなると、自然とそうなっていきますしね」

例外的にマネージャーを依頼する際は、故障であったり、何かしらの事情があってプレーヤーを続けられなくなった場合のみ。そういった際に西條は、必ず当該選手に笛を買い与えるのだという。チームを仕切る上での重要性、監督の狙いを選手に伝える上でも、状況を見ながら笛で強弱をつけることは大事なのだと、しっかりと説く。

桐生市立商に来て14年目。西條はチームを群馬県で屈指の強豪へと育て上げている。22年には男子バスケットボール部も誕生し、二足の草鞋で指導する忙しさはあるものの充実度は高い。

普段は穏やかな西條が、コートに立つと勝負師の目になる。

高校時代に誰もが「優しい人」と慕ったマネージャーは、今では厳しい。理不尽に怒ることだけは絶対にしないと心掛けているが、どうしても叱らなければならない際にはしっかりと論立てし、会話に筋道をつけるようにしている。「でも、たまに怒鳴っちゃうこともあるんですけどね」と、自分を戒めるように西條が頭を下げる。

西條がかつて絶対王者と呼ばれた能代工でプレーしていたことは、親子ほどに年の差が離れた部員たちも知っている。動画サイトで当時の映像を見て「先生ってすごい環境でバスケやってたんですね」と興味を注がれると誇らしくはなるが、同時にその偉大さに圧倒されもするという。

「バスケのスタイルにしても能代工業を目指したいとは思っていますけど、あそこでしかできないことってあったんだなって。やっぱり三彦先生の存在が大きかったんですよ。あれだけのチームを築き上げた勝負強さだったり、度胸だったり。今の自分よりも年下でそれをやっていたというのが、もう、本当にすごいですよね」

8回の全国大会ではベスト8まで進出したことがまだない。まずはそこが最初に突破しなければならない壁なのだと、西條は眼をぎらつかせている。

能代工の意志を受け継ぐバスケットボール。目標達成は、そう遠くはないはずである。

社会人チームでも縁の下の力持ち

練習ではＡチームのマネージャーだった西條とともにＢチームのマネージャーとしてチームを支え、試合になれば持ち前の明るさで応援団長としてスタンドを盛り上げ、コートで躍動する選手たちを後押ししていた、生粋のムードメーカー。

１９９７年の能代工において「陰の功労者」だった田仲純は、貧血のためにプレーヤーを断念せざるを得なかったこともあって高校卒業後は一線を退いた。就職したＪＲ東日本秋田支社では「何かしらの形でバスケットに関わりたい」と思っていたところ、新卒での配属先が青森県弘前市だったため気づけば仕事一筋になってしまったのだと、田仲は残念そうにいきさつを話していた。

ようやくバスケットボールに関われるようになったのは、入社から10年が経ってからだった。

「バスケどころ秋田」ということもあって支社には『ペッカーズ』というバスケットボール部があり、田仲はチームからの要請を受けてマネージャーを任されるようになった。一時期、退いた期間があったというが、復帰すると２０１７年から19年まで国体３連覇を裏方として見届けた。

プレーヤーの道は絶たれたとしても、田仲は自分の歩みに満足している。

「高校、社会人と、バスケットボールをやっている人のなかでもなかなか経験できないことをさせてもらいましたからね。私はかなり恵まれた環境に置かせてもらいましたよ」

田仲は現在、横手営業所で勤務しながら、後進の業務指導にもあたっているという。

横手と言えば畑山がいる。高校３年間、席が隣同士というほど仲が良かったふたりではあるが、近くにいながら頻繁に会えないのだと残念そうだった。

余談をひとつ。田仲が横手で働いていることを教えてくれたのが畑山であり、「畑山失踪事件」の情報提供者が田仲である。

「9冠」のエースは日本人初のNBAプレーヤーに

「9冠後」の田臥は平穏を取り戻していた。

１９９９年の年始に開催されたオールジャパンの初戦で、能代工最初の３冠獲得の象徴となった小野秀二率いる愛知学泉大学に敗れてからは、仲間たちが口を揃える「普通の高校生」に戻っていた。

田臥がアメリカの大学へ進学することを決めたのは、監督の加藤からの勧めがあったからである。それは、全日本ジュニアの常連として多くの海外遠征、ナイキ主催のキャンプなど、すでに世界を知る教え子だからこそ「豊かな経験を積ませたい」と思っての提案だったそうだ。田臥としては当初、言葉の問題もあり、仲間や先輩の多くがプレーする関東の大学へ進学したい意向もあったが、全日本ジュニアでチームメートでもあった小林高校の北郷謙二郎がアメリカの大学への挑戦を希望していたり、友人たちからの後押しもあって最終的に決断したという。

春入学の日本の大学と違いアメリカの大学は秋入学。卒業を間近に控えて自宅学習となってからは、土木科の教員でもあった部長の安保敏明から「アメリカに行くならメールを使えるようになったほうがいいかもしれない」と促され、教員室のパソコンで文字入力の練習をするようになった。インターネットが一般に普及したての頃でノートパソコンの所有すら珍しかった時代、田臥はバスケットボール以外でも着々と準備を進めていたのである。

ブリガムヤング大学ハワイ校に入学した田臥は、留学2年目の２００１—02年シーズンで大学バスケットボールリーグの最高峰であるＮＣＡＡデビューを果たすなどステップアップしていたなか、02年夏に「よりバスケに集中するため」と大学を中退。ＪＢＬスーパーリーグに所属するトヨタ自動車アルバルク（現：アルバルク東京）への入団を決意した。

愛知学泉大からトヨタの監督となっていた小野の下でプレーすることとなった田臥は、速さよりゲームコントロールを重視する戦術への順応に呻吟する部分もあったという。しかし、１９９６年のウインターカップ決勝でマッチアップした相手であり、トヨタでチームメートとなった福島工出身の渡邉拓馬は「やっぱりプレーは別格だった」と言い、プライベートでも懇意にしていた。

「1番（ポイントガード）が田臥で僕が2番（シューティングガード）で組んでいたんですけど、他のガードと見ているところが違うしプレーの感性がいいので、試合では毎回ワクワクしていました。田臥とはよく一緒にご飯に行きましたしね。あいつはどちらかというと聞き上手で、自分からはそんなに話さないんですけど、『将来的にまたアメリカで挑戦したい』みたいな想いとかは話してくれたりしていました」

田臥は1シーズンのみでトヨタを退団し、再び海を渡った。03年にデンバー・ナゲッツと契約までこぎつけたがＮＢＡデビューは叶わず、独立リーグのＡＢＡに所属するロングビーチ・ジャムでプレーしたのち、04年にフェニックス・サンズと契約を結んだ。

渡邉は、ちょうどこの時期に帰国した田臥と会っている。そこには、ストイックにバスケットボールに専念するプロフェッショナルがいた。

「田臥って太りやすい体質なんですけど、あの時は腹筋がシックスパックになって、表情も精悍になっていて。『本当に変わったな』という印象でした」

この時の会話で渡邉は、田臥が世界最高峰の舞台に立つことを予見できていたという。

「日本代表としてはまだ世界と差がありますけど、個人としてなら勝てますよね」

04年11月3日。田臥は日本人初のＮＢＡプレーヤーとなった。

少年時代に憧れた、チャールズ・バークレーがいたチーム。第4クォーターでコートに立った背番号「1」が、切れ味を増したドライブでペイントエリア内に切り込む。ビッグマン揃いのディフェンスのファウルを誘うなどフリースローを4本決めた。1本のスリーポイントシュートを含め7得点。日本バスケットボール史において、偉大な一歩を刻んだ。

サンズでは4試合のみの出場で、シーズン途中に解雇された田臥は再びジャムに移籍してＮＢＡ復帰を目指した。翌05年シーズンはロサンゼルス・クリッパーズと契約するがコートに立つことなく、将来のＮＢＡプレーヤーを育成することを目的としたリーグ、ＮＢＡデベロップメント・リーグ（現：ＮＢＡゲータレード・リーグ）のアルバカーキ・サンダーバーズでプレー。06年に同リーグのベーカーズフィールド・ジャムに所属し、アナハイム・アーセナルにいた07年シーズン途中に帰国を決断。田臥が選んだチームは、この年からＪＢＬに新規参入したリンク栃木ブレックスだった。チームの監督が能代工時代の恩師である加藤ではあったが、これが移籍の大きな理由ではなくクラブ側が積極的にアプローチしてくれたことによって心を動かされたのだという。

それから15年。田臥は今も宇都宮ブレックスと名を新たにしたチームでコートに立つ。

43歳。年輪を重ねた日本バスケットボール界のパイオニアは、今でもボールを持てば異彩を放つ。若かりし頃のようなキレはない。その分、相手の動きやゲームの流れを読む力は研ぎ澄まされている。そう、あの能代工時代のように、隙を見せればやられる――そんな田臥は健在である。

多くの仲間がユニフォームを脱いでいくなか、田臥は1年、1年を噛みしめる。

「バスケをやりたい」

この衝動が収まることは、これからもない。

「バスケットに対しての情熱の注ぎ方は、あの時と変わってないです」

秋田のバスケに恩返し

菊地が専修大への入学を志望したのは早く、高校3年の〝地獄〟の期間中だった。恒例のＯＢ戦。１９９５年の2冠に貢献したポイントガードで、当時、専修大の3年生だった半田圭史に、監督の加藤が「専修にシューターがいないなら、菊地どうだ？」と仕向けたのがはじまりだった。菊地の１学年上の小嶋も同大学に通っていたこともあって興味が湧き、ふたりに大学のことを聞いているうちにすでに気持ちが固まりつつあったのだという。

「もう、他の大学はどこから誘いが来ているのかもわからず、『半田さんと小嶋さんがいる専修大学に行きたいです』と。そうしたら、すんなり決まりました」

大学では高校で修練を積んだスモールフォワードではなく、シューティングガードがメインとなった。能代工出身ということもあり、4年生ポイントガードの半田、2年生センターの小嶋との連係も円滑で、菊地自身も「伸び伸びできて楽しかった」という。しかし、それがずっと続いたわけではない。４年生になると出場機会は減っていった。大学卒業後は実業団でのプレーも考えていたが、この時、すでに能代工を離れ２００７年の秋田国体に向け準備に携わっていた安保からの「国体を成功させるために協力してくれないか？」といった要望もあり、帰郷を決意した。

「今の自分があるのも秋田でバスケットをやっていたおかげだし、安保先生にそう言っていただいたこともあって『恩返ししたいな』と思って」

秋田に帰った菊地は、２学年上の田中ら能代工ＯＢが多く在籍する三種体協琴丘でプレー。秋田国体メンバーにも名を連ね、３位入賞に貢献した。そして、独立リーグのｂｊリーグに加盟していた頃の秋田ノーザンハピネッツに入団して３年間プレーしたのち、再び三種体協琴丘で奉仕した。

菊地の恩返しは、今も継続中だ。

現在は秋田ノーザンハピネッツのU18でアシスタントコーチを務めている。新設して間もないため手探りではあるが、サッカーのＪリーグと同様に高校、大学とステップを踏まずともプロ入りできることとなった。選手はトライアウトを突破しなければならないし、高校の部活動との掛け持ちは許されないため覚悟がいる。そういう環境が整備されたことに意義があるのだと菊地が説く。

「僕らが高校の時なんか全く考えられなかったことですからね。地元にプロチームができることによって夢が身近に感じられるじゃないですか。今はまだ、練習場所が決まっていなかったり、日数の確保とかクリアしないといけない課題はあって子供たちには大変な思いをさせてしまうけど、『君たちはノーザンハピネッツを選んだ時点で部活をやってるヤツらより一歩先を行けてるんだよ』と話したり、自信を植え付けさせることが大事かなと思いながら教えています」

今の学生は菊地の高校時代を知らない。だが、秋田のレジェンドはこうして、地元のバスケットボール界の礎となろうとしている。

バスケを教えるなら「ワンミス交代はさせない」

若月も菊地と同じく進路決定は早かった。いわく、経緯は「強烈に覚えている」という。

高校3年の高知インターハイ初戦。試合前の体育館ロビーで、若月は加藤から「話がある」と呼び出され、筑波大への進学がほぼ決まりだと告げられた。

「『マジか……マジか!』って、動揺しましたよ」

なぜ若月がこのエピソードを克明に記憶しているのかと言えば、直後の試合でパフォーマンスに多大な影響を及ぼしてしまったからである。チームが高崎商に１３０-66と大勝したなか、若月は無得点で、しかも5ファウルで退場していたのである。

かくして筑波大へ進んだ若月は、高校と同じパワーフォワードとして関東大学リーグで揉まれた。入学した当初は2部だったチームは1部との入れ替えを繰り返しながら、4年生のシーズンでは24年ぶりとなる1部優勝を果たしている。在学期間中に参加した秋田の成年男子チームにはペッカーズのメンバーが多く、「チームの雰囲気がいいな」と感じたこと、そして、実際に勧誘されたこともあって大学卒業後はＪＲ東日本の秋田支社に就職した。

ペッカーズでは36歳までプレーした。現役を引退後は1年間、スカウティングを学び、そこから2年間はアシスタントコーチとして指導者も経験した。この期間、能代工での1学年上でBチームのマネージャーだった田仲とともにスタッフとしてチームを支えてもいた。

現在はチームを離れ、社業に従事している。4児の父でもあり、しかも全員が男。仕事以外ではもっぱら小学生の息子が所属するミニバスケットボールチームの指導に精を出しているという。

ここで若月は、自らに金科玉条を設けている。

それは、高校時代の教訓だ。1年時の若月は、「ミスを認識させる」という監督の意向によってワンプレーのミスで交代させられることが多かった。今ではその真意は理解できているが、やはりつらかった当時の想いを子供たちにはさせたくないといった意識のほうが働くのだという。

若月が笑う。

「高校の時からずっと思ってましたから、『俺、もし指導者になることがあったら絶対にワンミス交代だけはやらねぇ！』って」

Bリーグのコーチとして活躍

能代工時代から指導者を志し、加藤から「今から勉強しておいたほうがいい」とマネージャーへの転身を勧められた前田浩行は、この時の誓いを貫いている。

　大学も将来的に教員となることを視野に入れ、体育学科のある地元・愛知の中京大を選んだ。入学当初はプレーヤーとして練習に参加したこともあったが、すぐに学生コーチとして裏方に徹した前田は、この頃からすでにコートサイドにいる自分とプレーする選手たちとで意識を共有できるどころか、同化に近い感覚を抱けるようになっていたという。

「実際にプレーしたほうが面白いんだろうけど、同じ空間にいることで一緒にバスケットをやれているという感じだったんで、どうしてもバスケがしたいってわけでもなくなっていたんです。異質と言えば異質なのかもしれないですけどね」

　大学卒業後は高校の教員になるつもりでいたが、知人の紹介などもあり田臥や渡邉がいたトヨタにマネージャーとして採用された。当時の日本最高峰リーグで学んだのち、07年の途中から愛知の安城学園高等学校でコーチとなり、能代工ＯＢで監督の金子寛治とともにチームをこの年のウインターカップへと導くなど5年間、選手たちを指導した。

　前田の指導者人生を紐解くと、人との縁が強く結ばれていることがわかる。

　安城学園を退職後、前田は13年にドイツへと渡った。アシスタントコーチを務めることとなったブンデスリーガのＭＨＰリーゼン・ルートヴィヒスブルクの監督が、トヨタ時代にチームを指揮していたジョン・パトリックだったからだ。日本語にも明るい指導者の下で学ぶことによって、「よりプロフェッショナルの意識が芽生えた」と前田は確証を持つ。

約4年間のドイツでの指導を経て17年に帰国すると、ＪＢＡ（日本バスケットボール協会）の技術委員会テクニカルハウス部の会長に就任し、主にアンダーカテゴリーの強化に尽力した。Ｕ16代表では選手としてもトップレベルの実績を残した監督の佐古賢一、中学バスケットボール界で名を馳せていた高校の1学年後輩にあたる堀里也らとともに若い世代の底上げに励んだ。

前田は「本物」に触れることによって成長していると実感する。

「高校の時からそうですけど、本当に周りに生かされてるなって。どのスポーツでもそうだと思うんですけど、上のレベルに行くほど競争が激しくなったりするから『本物』じゃないと上り詰めていけないところってあるじゃないですか。僕は常にそういう環境で勉強させてもらえていることがすごく恵まれていると思うんです」

トップレベルを知る。しかし、それは時に傲慢や不遜を身に宿しかねない。「俺はこういうところでやっている」と自分に酔い、そうではない人間を下に見てしまうことだってある。

本物を知る過程で前田は、そんな自分とも向き合うことができたのだという。

「自信をつけていける反面、『なんでも知ってる』みたいな錯覚に陥ることもあったんですね。相手に対して口には出さないにしても、そういう姿勢が態度に出てしまっていたことはあったと思うんです。でも、歳を重ねていくとどんどん下の世代も増えていくわけで、そういう考えじゃダメなんですよね。年下でも自分が知らないことを知っている人だって多いし、そこを受け入れることでだんだん素直になれてきました」

ＪＢＡを離れた前田は、Ｂリーグの千葉ジェッツでのアシスタントコーチを経て、22年シーズンから三遠ネオフェニックスでコーチを務めている。

日本のトップレベルに携わる前田ではあるが、意外にも「能代工でマネージャーだった」という経歴を本当の意味で受け止めることができるようになったのは最近なのだそうだ。

「年齢と経験っていうのも大きいとは思うんですよ。能代工業の時というのは『その他大勢』に自分がいるのが嫌だったし、居場所を確立できることへの安心感だけだったというか。そうじゃなくて、マネージャーを選択できた自分というものを素直に受け入れられるようになったんですね。あの決断がなかったら絶対に今はないですから。中途半端にプレーヤーを選んでいたら、今はどこかの企業で、バスケではない仕事に励んでるだけだと思いますよ」

今でこそ少なくはなったが、「田臥さんがいた時代のマネージャー」と言われることがあるという。裏方でもスポットライトに照らされることもある――それを、前田は体現する。表舞台では田臥が、舞台裏では前田がバスケットボール界を支えていると言っても、決して大仰な表現ではない。

田臥が頑張っているから。それは、前田が常に心に留めていることでもある。

「でも、みんなには『俺は松坂世代』って言ってますけどね」

９冠を陰で支えた〝本物〟は、わざとらしく冗談を言い笑っていた。

無冠のキャプテンは監督として全国制覇

反骨心の塊だった堀は、高校時代に監督の情を感じられた瞬間があった。

「筑波はどうだ？」

能代工のなかでも「勉強ができる生徒が多い」とされる理数工学科に在籍していたとはいえ、倍率が高く、加藤の母校でもある大学をまさか薦められるとは思っていなかった。鳥屋野中時代の恩師を慕っていたことから、「将来は中学か高校で体育の教員になりたい」という想いを漠然とながらも抱いていた堀にとっては、願ってもない進路だった。

薦められた通りに進んだ筑波大には１学年上に能代工の先輩である若月と、ライバル校だった仙台で不動のポイントガードだった柏倉秀徳がいた。堀が言うには、そのふたりとフィットできたわけではなく「大学でも俺が、俺が！でしたよ」と自嘲気味に振り返る。４年になるとキャプテンを任されるほどの求心力があったが、それでも「いいプレーヤーにはなり切れず」とまた苦笑する。

そして堀は、大学卒業と同時に新潟県の教員採用試験に合格し、中学校の教師となった。

指導者として頭角を現したのは、３校目の赴任先となった母校、鳥屋野中でだった。

それまではトータルでバスケットボールの質を高めようとシステム作りに励んでいたが、「あと一歩」のところで全国大会を逃す試合が目立っていた。これまでを省みた堀は、高校時代のチームのスローガン「必勝不敗」を思い出していた。

「『不敗』という部分に着目して『敗けないために』と考えた時に、大事なのはリバウンドじゃないかって。シュートって6割か7割は外れるので、そこでチャンスを得られれば少なくとも敗けないんじゃないかと思ったんですね。そうしたら、勝てちゃって」

２０１４年の全国大会で鳥屋野中を3位に導いた堀の名は界隈で広まり、16年のジュニアオールスターでは新潟県代表の監督に抜擢され優勝を果たした。

実はこの時まで堀は、高校3年時の「無冠」の呪縛を抱えたままだった。能代工のことで聞かれるのは、いつだって田臥たちが成し遂げた「9冠」のことだ。大学でも、新潟に戻ってきてからも、高校時代の自分はスポットライトを浴びさせてもらえないことがつらかった。

「自分らは能代工業の連勝記録を止めた、逆ストッパーの大魔神・佐々木です」

9冠を達成した１９９８年にプロ野球で日本一となった横浜ベイスターズのリリーフピッチャー、佐々木主浩をネタにした自虐で笑いを誘えたとしても、内心では虚しかった。

そんな堀が無冠と向き合えたきっかけが、２０１６年のジュニアオールスター制覇だった。

「会場が東京体育館だったんですけど、優勝した時に選手が僕を胴上げしてくれたんですよ。そこで『東京体育館での忘れ物を、こういう形で取り戻すことができたんだな』と、全てを消化できたみたいな感情になれたんです」

１９９９年のウインターカップで敗れ、能代に帰郷してすぐ、加藤から「大会を見届けるべきだ」

と再び東京へ向かわされた真意が、ここでようやく理解できたような気もした。

ジュニアオールスター後に開催された全中でも鳥屋野中でベスト8、２０１７年には準優勝と、中学バスケットボール界で名を上げていった。新潟市立白新中学校へと異動した18年からは能代工の1学年上の前田も指導者側にいた全日本U16でアシスタントコーチを務めるなど着実にキャリアを重ねていった堀が、初めて全中を制したのが21年だった。

依然として新型コロナウイルスの感染拡大が悩みの種だったなか開催までこぎつけた大会であったが、白新中は準決勝まで進出するも4校のうち2校に体調不良者が出たことで、大会規定によって次戦を辞退せざるを得ない状況となってしまった。そのことで、大会本部が異例ともいえる「4校同時優勝」を成立させたのだという。堀は教育者としてこの判断に、頭を下げる。

「試合会場に入った時に、たまたま女子でも試合を辞退する学校があって。選手たちがボロボロ泣きながら帰っていく姿を見て、『これは試合をして優勝をすることに価値なんてないな』と思いまして。そもそも、あんな大変な状況下で大会を開催してくださっただけで感謝するべきなんです。なので4校同時だろうがなんだろうが、優勝という結果を与えてくださっただけで嬉しかったです」

中学バスケットボール界で名うての指導者となった堀は今、現場から離れている。新潟県の市立学校教員を教職大学院へ派遣できる制度を利用して、中学で教鞭を執りながら新潟大学に通っており、バスケットボール部を指導する時間を確保できないためだ。具体的に「これがしたいから」といった理由があるわけではないが、将来的に役に立つと堀は思っている。

能代工時代の堀は、どちらかというと不遇だった。

本来のプレースタイルを発揮できず、監督と衝突し、何より勝てなかった。本当ならばそんな教え子との記憶に口を閉ざしてもいいところ、加藤はむしろ嬉しそうに言っていたものだ。

「堀には会うんですか？　ぜひ会ってください。たくさん、話を聞いてあげてください」

加藤だけではない。先輩たちも「あいつはネタ持ってますよ」と、自分よりも堀にこそ話を聞くべきだと言わんばかりに促した。

田臥もまた、そのひとりだ。無冠という過酷な現実を突きつけられた堀を慮りながらも、同志であることを強調するように想いを届ける。

「僕らの時に勝てたのは、間違いなく堀たちがいてくれたからですよ。どうしても勝ち続けられるわけではないんですけど、敗けを経験したからこそ大人になった時により強い人間になれるというか、逞しい部分を表現できると思うんですね。堀みたいな人間が指導者になることで、そういうことを子供たちに伝えてくれているんだろうなと。これほど立派に結果を出してくれているだけになおさらですよね。これからもね、堀だけじゃなくてあの世代のみんなが当時の経験を役立ててくれたら嬉しいなって、純粋に思っています」

この田臥のメッセージを簡潔に伝えつつ、本人に「高校時代は今に生かされていますか？」と尋ねる。すると、堀は「そうですねぇ」と呟いてから口を開く。

「なんかこう、チームとして『選手も監督もコーチも、立場関係なく同じベクトルを向いてやっていこう。自分の役割を果たしていこう』とは強調してるんですよね。それを子供たちに伝えるってことは、やっぱり高校時代に自分ができなかったことの裏返しなのかな。もし、経験から学べているのだとしたら、あの敗けにはすごく価値があったなって思えるんですよね」

堀は22年、新潟アルビレックスBBのホームで開催された宇都宮ブレックス戦を観に行った。その試合前、ウォーミングアップ中の田臥に声をかけようとしたが、思い留まった。

偉大なる先輩の背中を見ていたかった。

当時、41歳のベテランが発する向上心と現役への執念。「この人は、どこまでいくんだろう」。そんなことを考えながら、堀は田臥に自分の生き様を重ね合わせていた。

無冠のマネージャーも監督で全国を目指す

国塚清希は中学の頃から具体的な人生設計ができる男だった。

高校入学前から「将来は中学校の先生になりたい」と志し、本来なら進学校を選択し勉学にいそしむこともできたが、「いろんな経験をしてからでも遅くはない」と、大好きなバスケットボールに集中できる能代工に進んだ経緯があった。

チームの伝統として「一目置かれる存在」であるマネージャーを経験し、監督とのそりが合わず、インターハイで敗れ能代工の全国大会での連続優勝記録を「10」で止めてしまった悲劇。国塚は能代工でこれ以上ない屈辱を味わうなかで、環境を冷静に俯瞰できるようになっていた。

「能代工業のバスケ部って、独特の方言があるじゃないですか。『んだす』とか。『これって、他でも通用すんのかな?』と思うようになっていったんですね。私はここに入ってどこに行っても通用する人間になりたいと思っていたので、能代工業でやってきたことを否定するつもりはなかったんですけど、完全に染まりたくないなって思い始めて」

高校卒業後は県外の大学に進むことを希望し、状況に応じて〝バスケ部弁〟と日常的に用いる言葉を使い分けるようになっていった国塚は、能代工時代に加藤と同期だった佐藤清美が指揮する常葉学園大学（現：常葉大学）に進んだ。3年生まで選手としてプレーしたのちマネージャーを務め、卒業と同時に帰郷。倍率の高い秋田県の公立学校においてストレートで教員採用試験に合格することは叶わなかったが、初志貫徹で講師を続けながら試験に挑み、難関を突破した。

中学でバスケットボールを指導するようになった国塚は、一度、高校時代のチームメートだった堀と対戦したことがある。

18年のジュニアオールスター。国塚は秋田県のコーチとして、堀は新潟県の監督として対峙した一戦は、試合終了間際に1点リードの秋田がファウルで相手にフリースローを与えてしまい、そこで2本とも決められてしまう悲劇的な幕切れで敗れた。

「なかなか劇的な負け方でしたからね。まあ、しぶとかった。堀は自分とは比べ物にならないくらいすごい指導者になりましたからね」

現在は秋田市立城東中学校で数学の教師として教壇に立ち、バスケットボール部の監督も務める。まだ全中への出場は達成できていないが、県大会で優勝し東北大会に出場するなど、全国の舞台に立てるだけのレベルのチームを作り続けている。

本書でのインタビューをオファーした際に、「私でいいんですか？　うちらの代、敗けたんですけど」と恐縮していたが、敗けた男たちだからこそにじみ出る人間味もある。

堀然り、国塚もそうだった。

「その時にベストだったものが、人生での一番じゃないんだなってことは、教師をやっていく上で常に感じていることなんですよ」

国塚の敗者復活戦は、芯が通っていた。

バスケ部OB初の能代市役所職員に

小野弘樹も先輩の堀や国塚と同じように能代工在学中から教師を志していた。

進学した専修大では、高校3年時に負った怪我が完治していない影響もあってすぐに試合のメンバーに名を連ねることはなかったが、小野の世代には能代工でチームメートだった長澤晃一をはじめかつての全日本ジュニアのメンバーが多数入ってきたこともあり、３年時は関東大学リーグ１部優勝、４年時は関東大学選手権優勝と結果を残した。

大学で教員免許を取得した小野は、秋田市内の養護学校（現在の特別支援学校）で講師をしながら教員採用試験の合格を目指していた。選手としても田中や菊地など高校の先輩たちが在籍する三種体協琴丘でプレーし、秋田国体にも出場している。

「大学を卒業してからそんな生活を5、6年していくなかで、『そろそろ次も考えないとな』と思うようになっていったんです」

小野は知人の紹介で一般企業で働くこととなったのだが、教師を断念したことで新たな道を見出すこととなった。それはまるで、小野のために設えられたような席だった。

教師以外の公務員には興味がなかったためそれまで見向きもしていなかったが、知り合いから教えてもらった能代市役所の求人の採用基準のひとつに、奇妙な項目があったのだ。

〈バスケットボールで全国大会ベスト8以上の成績を収めた者〉

3年生のインターハイで優勝している小野は、この基準をクリアしていた。情報を提供してくれた人間からの勧めもあって応募すると採用された。

能代市役所には能代工OBはそれなりにいるが、バスケットボール部出身者ではない。小野は「おそらく初めてだと、私は思ってるんですけど」と言う。今は後輩が入ったというが、しばらくは小野が「唯一の能代工バスケットボール部OBの職員」だった。

市役所に入職してからは能代バスケミュージアムのスタッフを務めた。車いすバスケットボールの日本代表が秋田県で合宿を行っていた縁もあって、２０２０年（21年開催）の東京オリンピックでの誘致に向けて、主に女子チームの担当者として日本車いすバスケットボール連盟などに合宿地として利用してもらえるよう折衝を重ねた。最終的に実現できず、「海外チームだけでも来ていただければありがたかったんですけどね」と今も悔しがる。

財政課に所属する小野は、直接バスケットボールと関わることは少なくなったが気にはしている。市の職員として中立の立場でいなければならないが、能代工が統合される際は「名前を残してほしい」という署名活動にも協力するなどやはり母校に肩入れするところはしてしまう。自分の高校時代より街のバスケットボール熱はトーンダウンしていると感じるが、23年の能代カップが盛り上がったように、市民は潜在的に競技への熱を欲しているということも再確認できた。

「ここ最近は、なかなか思うように盛り上がらなかったんですけど、スラムダンクの映画の影響も強くて県外や国外からも観光客が来てくれるようになりましたからね。市としてまだまだできることはあると思いますし、ＯＢとしても微々たる力ではありますけど支えていければな、と」

語り口は終始控え目だったが、「私が話したことは気になさらず使ってください」と言えるところに、小野の誠実さを垣間見た。

9冠も最後の日本一も見届けた部長

県北地区の高校への異動を希望していた安保敏明が、能代工の赴任と同時にバスケットボール部の部長となったのは１９９６年だった。「日本一」と呼ばれるチームの情報はあらゆるところから聞かされていたため驚くようなことはなかったが、それでも初めて体育館に入った時のあの張り詰めた空気感に圧倒されたことは、今でもはっきりと覚えている。

この年に田臥、菊地、若月のルーキートリオが入学した。大会のエントリーから宿泊や移動といった遠征の手配、メディア対応を含めた雑務全般を一手に担う安保にとって、彼らと過ごした３年間は怒涛であり、重厚な日々だったと懐かしむ。

「本当に素敵な時間を過ごさせてもらいました」

能代工の歴史のなかでも絶頂期とも言えるこの期間を過ごしたことで、その後の人生も大きく変わった。２０００年まで部長を務めた安保は秋田県バスケットボール協会からの要請で副理事長に就任し、07年の開催が決まった秋田国体の準備に携わることとなった。東北教員バスケットボール連盟理事長との二足のわらじを履きこなしながらも高校生チームの少年男子を主に担当し、大会開催年に再び古巣の能代工へ戻って部長として秋田の優勝を見届けた。安保もまた名門チームの「最後の日本一」を知るひとりなのである。

決勝戦が行われた地元・能代市の総合体育館の光景は、狂騒を巻き起こした98年のウインターカップを想起させるものがあったと、安保が綴る。

「早朝からたくさんの人で溢れていて、開場時間を早めたくらいだったんです。体育館もすぐに満席になって、本当なら大会役員用の席であるステージ上の席も一般客に解放したほどで。これだけのお客さんが入っているのを見て、秋田（能代工）の優勝を確信しました。東北はもちろん、全国の先生方、たくさんの人に支えられて秋田国体を成功させることができました」

その後は全日本教員バスケットボール連盟理事長などを歴任し、現在は秋田県立大館桂桜高等学校に勤務する。自宅は能代市。安保もまた「バスケの街」の住人であり、9冠時代の熱狂を知るだけに現在の街の行く末を案じてもいる。

「加藤廣志先生は『バスケットボールだけは絶対に廃れさせてはいけない』と言っていましたけど、私も同じです。『バスケの街』と謳っているのは全国でも能代だけですから、いつまでもそうであってほしいなと思っています」

還暦を迎えた名将のバスケへの情熱

日本一はインターハイ11回、国体5回、ウインターカップ9回。「常勝」能代工の礎を築いた加藤廣志から監督を引き継いだ加藤三彦は、その地盤をさらに強固なものとした。

高校バスケットボール界きっての名将は、45歳だった２００８年にその実績を封印した。

かねて「上のステージで挑戦したい」と野心を抱いていた加藤が選んだのは、ＪＢＬに参戦したばかりのリンク栃木ブレックスの監督だった。奇しくもこの年に9冠時代の教え子で、アメリカから帰国した田臥が入団したわけだが、加藤はリーグ戦10試合で3勝7敗と苦しんでいたさなかにチームを退団している。当時の報道をストレートに伝えれば、それは更迭だった。

原因について、加藤は現実から目を背けずに分析している。

高校では1学年5人ずつのエントリーを基本とし、世代が変わってもチームが機能するシステムを構築したが、プロでは実現できなかった。能代工との決定的な違いは強さの土壌がなかったこと。なによりも結果が求められる「雇われ監督」という新たなフィールドにおいて、それを形成する時間が足りなかったことだった。

「プロには『3年計画』はないんだなって。1年目にスキームは作ったつもりなんですけど、システム化するところまではいかなかったんですね。チームもできたばかりだったし、いくら田臥が来たといってもいきなり強くなるほど甘い世界じゃありませんから。自分が能代工業でやっていた育成はフロント寄りだったし、そういう部分でも1年ではなかなか難しかったのかな、と」

わずか7か月でブレックスを退団した加藤は、翌年にbjリーグのアカデミーでテクニカルアドバイザーを務めたのち、10年に西武文理大学の准教授となった。そして、翌年に創設された男子バスケットボール部の監督にも就任した。

いくらアマチュアでの実績が抜群とはいえ、関東大学リーグに新加入するチームを上位に押し上げることは容易ではない。ここで加藤は「能代」という街の特異性も再認識していた。

まず大前提として、バスケットボールに限らず、大学のクラブ活動は基本的に選手の自主性に委ねられること。西武文理大のような新設校の場合は、練習場や寮といった環境が整備されていることとは少なく、選手のレベルも強豪校のそれより格段に落ちる。

加藤が痛感したのは、選手たちの意識だった。彼らは電車やアルバイトに間に合わないからと、練習後に入念なクールダウンもせず飛び出すように帰ってしまう。そのため、どうしてもコンディショニングが疎かになる。したがって故障がちな選手も出てきてしまうわけだ。

「ステークホルダーとしての役割を果たさなきゃいけないってところだと能代みたいな田舎はものすごいプレッシャーがあったわけですけど、同時に期待に見合うだけの支援もしてくれたわけですよね。学校にしたって、あれだけバスケットに集中できる環境なんてそうそうありませんし」

加藤は自らが培った教訓とメソッドを大学にも落とし込んだ。〈能代工業バスケット　加藤三彦〉と記されたノートは、選手の育成や強化について論理的にまとめられている、いわばバイブルだ。新設されたチームをわずか4年で5部から3部にまで引き上げられたのは加藤の指導力があってこそだと言えるものの、最高峰と呼ばれる関東大学リーグにおいて「2部の壁」はやはり高い。

22年にこの熾烈なリーグで2部に昇格したのが玉川大学だ。コーチを務めるのが板倉令奈。無冠だった１９９９年の主力選手である。教え子がライバルチームの監督となり、自分より上のステージで戦えていることについて、加藤は素直に板倉の手腕を称えている。

「2部と3部の入れ替え戦でもストレートで昇格してね。すごいですよ。彼は高いレベルでバスケットボールを続けたことによっていろんなことを学んだと思うんです。それが今、こうやって結果に表れているわけですから。試合会場で会うと必ず挨拶に来てくれますしね、いいヤツですよ」

板倉だけではない。西條、前田、堀、国塚と「9冠の時代」を経験した多くの教え子が、指導者として結果を出している。「今の彼らは、僕なんかよりもはるかにバスケットボール界に貢献していますよ」と、新時代の伝道師たちの活躍に目じりを下げている。

「社会での40代って重要じゃないですか、次の世代の担い手として。田臥はまだ現役だけど、指導者になった人間は自分たちが経験してよかったこと、悪かったことというのをしっかりと若い世代に伝えていく役目があるし、それができているからバスケットボール界で結果を残せているんですよ。もうね、僕も含めて『能代工業ＯＢ』という看板を売りにしていく時代じゃないんだから、これまでの人生で培ってきた自分の考えをどんどん表現して、上を目指していってほしい」

加藤は、能代工で多くの人を残した。

２０２２年に還暦を迎えた名将は、今もコートに立つ。准教授から教授に昇格してより多忙になったとしても、バスケットボールへの熱量だけは失うことはない。前田や堀、板倉のように自分よりも上のステージで人を育てる様子に頼もしさを抱きながらも、同時に感情が沸き立つ自分もいる。

お前ら、やるじゃない。でも、まだまだ俺を超えさせないよ——と魂が叫んでいる。

1996年世代のマネージャー・金原一弥さん。現在は都内の会社員。

1997年度にキャプテンを務めた畑山陽一さん。現在は市役所職員。

1997世代の小嶋信哉さん。社会人からラグビーに転身し活躍した。

現在は桐生市立商でバスケットボール部監督を務める西條佑治さん。

Bリーグ・秋田ノーザンハピネッツでU18アシスタントコーチを務める菊地勇樹さん。

田臥と同学年で9冠に貢献した若月徹さん。現在は秋田市内の会社員。

現在はBリーグ・三遠ネオフェニックスでコーチの前田浩行さん。

1999年度のキャプテンだった堀里也さん。のちに指導者として日本一に。

2000年度世代の小野弘樹さん。現在は、能代市役所職員。

現在は西武文理大教授と男子バスケットボール部監督を兼務する加藤三彦さん。

終章

25年後の「必勝不敗」（2023年）

ともに教師だった廣嶋元比古とキミヱの夫婦が、１９７３年に退職してから何よりも楽しみにしていたのがスポーツ観戦だった。

強者にも屈せぬ鋭い眼光。コートに立てば大柄な男たちを置き去りにし、疾風の如く縦横無尽に駆け巡る。ボールが行き場を失いそうになれば全身でもって食らいつき、高さで勝てずとも低い位置から虎視眈々と獲物を狙い、攻勢に転じていく。

監督の加藤廣志は、それを「平面が高さを制するバスケットボール」と言った。

夫婦は瞬く間に能代工バスケットボール部の虜となっていった。

仕事は引退しているから時間はたっぷりある。秋田県内はおろか、チームが勝どきを上げる様を見届けようと各地への行脚は当たり前となっていた。

84年の秋田インターハイ。能代工が戦う試合会場の観客席に横断幕が掲げられる。

そこには、「必勝不敗」と書かれていた。

元比古によって用意され、夫婦でバスケットボール部に寄贈したと言われている。能代工は地元開催のインターハイで6連覇を達成した。

同年に逝去した夫の、能代工への愛情と連れ添うように、キミヱは88年のアメリカ遠征でもチームに随行するなど２００２年に旅立つまでバスケットボールとともに生きた。

そして「必勝不敗」は、能代工バスケットボール部の勝利哲学となった。

今、この言葉の真意を知る者は誰もいない。

選手、コーチ、監督として能代工に携わった加藤三彦ですら、「廣嶋先生に聞いておくべきだった」と悔やむように想いを馳せているくらいだ。

「能代工業バスケットボール部の一ファンだった廣嶋先生が、どういう想いで『必勝不敗』を作ってくださったんだろうと、よく考えるんです。辞書に載っている四字熟語にはない深みというか、いい言葉だなって。チームのスローガンであると同時にポリシーにもなり、理念にもなりうるというかね。いろんな意味合いがあると思っています」

必勝不敗とは何か。

加藤をはじめ本書で登場する人物の多くが、能代工に息づいた言霊を引用しながらいかにして勝つことができたのかを話してくれた。

なかでも、1999年のキャプテンだった堀里也は、今でも必勝不敗を掘り下げるひとりだ。

「不思議な言葉ですよね。『必ず勝つ』と『敗けない』。同じことを伝えてるんですけど、今の僕の解釈としては『不敗』から考えた時に『何を一番の優先順位とすれば敗けないんだろう？』ということを導き出して徹底すれば、『必勝』になるんじゃないかなと思っていて」

中学校の指導者としてまだ全国を知らない時期、堀は敗けないためにチームのリバウンド力を強化したことで鳥屋野中と白新中を全国屈指の強豪へと育て上げた。

興味深かったのは、本書で話を聞いた能代工ＯＢたちは堀と同じように、「必勝」ではなく「不敗」

を強調していたことだった。

98年のキャプテンだった田臥勇太もそうだ。

「先輩方に怒られるかもしれないですけど、そこまで意識したことはないんですよ」

恐縮するように前置きしながら、自らの解釈を綴る。

「とにかく毎日の練習、ひとつの試合に全力で挑むっていうことに重きをおいてやってきたのは、『敗けたくない』って強い想いがあったからなんです」

必勝不敗という勝利哲学には明確な正解がない。だからこそ選手は、チームは考える。「勝つこととは、敗けないこととは」と、自問自答する。世間からは常勝と称えられど、道なき道を進む過程でそれぞれの答えに辿り着く。

彼らは「敗けない決意」の集合体だった。

田中学は中学では野球部で、バスケットボールの経験が皆無に等しかった。名門の能代工で揉まれたといっても実力が開花したとは言えなかったが、「自分にはコートを往復してリバウンドを捕ることしかできない」と、その一点を鍛え上げた。キャプテンとしてチームを牽引した田中は、シックスマンとしても不可欠なプレーヤーとなった。

畑山陽一は実は、レイアップシュートが大の苦手だった。相手ディフェンスが誰もいないイージーバスケットでも、「ボールを持ったまま3歩以上を進んだら反則」のトラベリングになるのではとチームから危惧されるほど、シュートまでの歩調が安定しなかった。その分、巧みなパスワークを起点としたゲームメークを磨き上げ、「ポイントガードが安泰なら勝てる」というチーム理念を体現する、誰もが認める能代工の心臓となった。

小嶋信哉はシューターとしての才覚もありながら、優れた後輩が入学すると「自分はこのままだと先がない」と、高校ではゴール下に生きる道を見出した。日頃の鍛錬によって躍動する肉体が生み出す屈強なボディコンタクトによって、揺るがぬ守りの要となった。

田臥は入学した時からスターだった。コートを切り裂かんばかりのドリブル、変幻自在のパス、多彩なシュート。あらゆるプレーで他を魅了したプレーヤーも個人の舞いに溺れることはなかった。1年生から試合に出ることで協調性を養い、自分を殺してでも相手を生かす術も開拓した。

菊地勇樹は人間味のあるシューターだった。監督から素質を見込まれてセンターからコンバートしたといっても精密機械のようにスリーポイントシュートを決められたわけではなく、泣きながらボールを上空へ放ち続けていた試合もあったくらいだ。「仲間がいて、自分がいる」と身に刻むことによって、田臥とともにチームのスコアラーへと力を昇華させた。

若月徹は怒られ役だった。ミスをすれば交代させられる。試合中に怒鳴られる。それでも、コートに立てばひたすら走り、リバウンドを捕った。時にはハイポストに上がり、ミドルレンジからシュートを放つ。田臥、菊地とのトリオにおいて、最終的に監督が最も信頼した選手。それが、能代工きってのハードワーカー、若月だった。

彼らは、決して万能だったわけではない。だからといって全てを求めていたわけでもない。

貫いたのは誇りだ。これだと信じるに値する武器を研磨する。研ぎ澄まされた力はやがて不可欠な生命となってチームに息づく。

豊かな個性。それらを束ねたのが加藤だった。

96年から98年までの9冠を含め能代工を25回の日本一へと導いた監督の「必勝不敗」こそ、選手たちの歩みを包み込んでいるようでもあった。

「自分を肯定していくためにも必要な言葉じゃないかなと思うんですよ。敗けない要素をひとつでも増やしていくという考えでいえば、試合で敗けたとしても『残り3分のところでタイムアウトを取ってからは、うちのほうが点数を多く取ったよね。だったら、最初からその3分間の意識で40分間、戦えば勝てるじゃない』というか。そういうところを日々、模索しながら結果に繋げるための努力をする。『反省』って悪い側面で捉えられがちじゃないですか。実際はいいことなんです。反省することによっていろんな考えが浮かんで、それを精査し、検討して『敗けないためにどういう準備をしなければならないか?』と、その時々の自分たちと向き合える。9冠の3年間を振り返ると、そのことの大切さをすごくわかっていたんだろうなと思います」

能代工とはまるで、蓮の花のようなチームだった。

泥の中に根を張り巡らせて養分を蓄える。その力が茎を伝って花托に到達し、天に向かって鮮やかに花びらを広げる様は、幾多の栄冠の輝きのようでもある。

人は眩いばかりの光や美に目を奪われるが、彼らは陰での生き様にこそ自分を投影していた。

池で人の目を惹く蓮の花。それがコートに立つメンバーたちだとすれば、Ｂチームの選手たちやマネージャーは睡蓮だった。光に向かって高々と咲き誇る蓮を見守るように、水面で花びらを広げる。泥の中でともに切磋琢磨した同志の想いが、コートで花開く。

能代工の青春は、だからこそ美しかった。

能代工の9冠から25年後の２０２３年。日本バスケットボールは歴史を作った。

8月から9月にかけて日本の沖縄県などで開催されたワールドカップ。

日本は１次ラウンドで格上とされていたフィンランド相手に、最大18点を離される敗色濃厚の局面から第４クォーターで大逆転して勝利すると、順位決定ラウンドでもベネズエラとカーボベルデ共和国に勝利した。ワールドカップでは史上初となる3勝を挙げアジア1位の成績で終えた日本は、翌年に開催されるパリオリンピックへの出場権を自力で勝ち取ったのである。

選手たちの躍動感は、今も鮮明な記憶として残る。

ポイントガードの河村勇輝がドライブやパスワークでスペースを作り、隙をうかがっては自らシュートも決める。この若き司令塔からパスを受けた富永啓生のスリーポイントシュートがリングに吸い込まれる。ゴール下のハイポスト付近ではＮＢＡで研鑽を積む渡邊雄太が存在感を示し、アメリカから海を渡り日本で力を発揮する身長２０８センチのジョシュ・ホーキンソンがローポストを支配する。

彼らだけではない。熟練のポイントガードであり、とっておきの飛び道具を持つ富樫勇樹。独特のステップワークで敵陣に切り込み、迅速にシュートを放つ比江島慎。スターティングメンバーとしても、シックスマンとしてもチームを支えられる選手が、日本には何人もいる。

コートで５人が束となる。目まぐるしく移り変わる攻守。インサイドだけでなくアウトサイドからも効率的に得点を奪い、ビッグマンがハードワークする。

カテゴリーやスキルのレベルを度外視して、あえて言う。いや、往年のバスケットボールファンならば誰だって、少しくらい感じたはずである。

これは能代工のバスケだ、と。

９冠を達成した98年のマネージャーで、Bリーグの三遠ネオフェニックスでコーチを務める前田浩行は、少し得意げに今の日本代表のバスケットボールを解説する。

「完全に能代工業ですよ。ひたすら走ってリバウンドを捕るとか、スリーポイント一点狙いとか、突出したプレーヤーをコートに５人集めて戦うって、まさにそうじゃないですか。当時、三彦先生が言っていたんですよ、『日本が世界に勝つには、このバスケしかない』って。それが25年経って、やっと実現できているという。だから俺、『時代が能代工業に追いついてきたな』って、ひそかに思ってるんです。言ってる時点でひそかにじゃないですけどね」

前田のように「今の日本代表のバスケって、能代に似てますよね」と嬉しそうに話していたOBは少なくない。そのことを加藤に告げると、「今になって言うなよ！」と声を上げて笑った。

湛えた笑みは思い上がりではない。能代工を指揮した者の矜持である。

「9冠を起点とすると25年ですよね。Bリーグでコーチをしている指導者って、40代も結構いるじゃないですか。彼らのなかには能代工業と対戦した人もいるわけで、当時の教訓とかから『能代のバスケを体現したい』と少なからず思ってるはずなんですよ。そういうところから選手に落とし込まれて、代表にも活かされているんじゃないかな、とは思いますよね」

アリーナが沸く。

高校生が生み出した狂騒。25年の時を経て、今度は日本代表が巻き起こす。

世界の東。日出ずる国に暁が見える。

日本バスケットボール界の未来は、明るい。

B.LEAGUE FINALS 2
日本生命 B.LEAGUE
B.LEAGUE FINALS 2021-22

2022年5月には自身２度目のBリーグ制覇を達成。2023年12月現在も宇都宮ブレックスでプレーする田臥勇太選手。

勤 和

データ集

①能代工業１９９６～１９９８年
公式戦全試合結果

②能代工業（現：能代科学技術）
全国大会全成績

①公式戦全試合結果 1996年（平成8年度）

試合数	大会名	期間	結果	対戦相手	勝敗
1	秋田県北部新人大会	11/23 〜 11/25	109-47	鷹巣農林	○
2			145-25	合川	○
3			165-55	大館	○
4			167-54	小坂	○
5			130-29	大館工業	○
6			98-48	大館鳳鳴	○
7	秋田県新人大会	1/20 〜 1/21	63-42	秋田	○
8			80-41	大館鳳鳴	○
9			60-51	横手工業	○
10			83-62	由利工業	○
11	東北新人大会	2/2 〜 2/4	76-32	安積	○
12			79-62	弘前実業	○
13			73-71	仙台	○
14			71-78	福島工業	●
15	秋田県春季総合大会	4/19 〜 4/21	76-41	秋工クラブ	○
16			101-40	湯雄クラブ	○
17			91-77	秋田教員	○
18			76-69	秋田中央クラブ	○
19			81-68	ＪＲ東日本秋田	○
20	能代カップ	5/3 〜 5/5	85-62	富山商業	○
21			81-64	東住吉工業	○
22			96-37	甲府西	○
23			81-67	広島選抜	○
24			73-57	福島工業	○
25			84-58	市立船橋	○
26	秋田県北部総体	5/11 〜 5/13	139-21	大館商業	○
27			146-31	鷹巣	○
28			157-37	合川	○
29			156-37	鷹巣農林	○
30			135-28	能代	○
31			103-31	大館鳳鳴	○
32	秋田県総体	6/8 〜 6/11	110-55	秋田中央	○
33			142-26	金足農業	○
34			93-48	秋田	○
35			103-44	横手工業	○
36			110-50	大曲農業	○

試合数	大会名	期間	結果	対戦相手	勝敗
37	東北大会 NHK杯	6/21 ～ 6/23	97-50	福島東	○
38			116-56	日大山形	○
39			86-94	仙台	●
40	県民体育大会	7/5 ～ 7/7	90-46	大館鳳鳴	○
41			124-22	大曲	○
42			102-49	由利工業	○
43			97-60	大曲農業Ａ	○
44	全国高等学校総合体育大会（インターハイ）	8/1 ～ 8/7	79-61	横浜商大	○
45			77-66	東住吉工業	○
46			82-58	小林	○
47			96-61	市立船橋	○
48			95-77	福大大濠	○
49			110-65	洛南	○
50	ミニ国体	8/24 ～ 8/25	80-46	青森	○
51			104-77	福島	○
52			97-89	宮城	○
53			105-65	山形	○
54	選抜県予選	9/22	124-53	大曲農業	○
55	国民体育大会	10/13 ～ 10/16	89-53	島根	○
56			71-58	京都	○
57			93-57	山形	○
58			83-66	大阪	○
59	東北総合大会	11/9 ～ 11/10	116-52	岩手教員	○
60			99-87	東北電力宮城	○
61			85-63	秋田中央クラブ	○
62			79-66	秋田経法大	○
63	全国高等学校選抜優勝大会（ウインターカップ）	12/22 ～ 12/28	127-60	岡山理大附	○
64			113-55	瓊浦	○
65			88-76	土浦日大	○
66			95-87	仙台	○
67			111-88	福島工業	○
68	天皇杯・皇后杯（オールジャパン）	1/2 ～ 1/12	96-69	同志社大	○
69			48-121	いすゞ自動車	●

①公式戦全試合結果 1997年（平成9年度）

試合数	大会名	期間	結果	対戦相手	勝敗
1	秋田県北部新人大会	11/30 ～ 12/2	199-26	大館商業	○
2			124-42	鷹巣農林	○
3			150-30	大館工業	○
4			139-57	能代	○
5			116-28	鷹巣農林	○
6			94-36	大館鳳鳴	○
7	秋田県新人大会	1/24 ～ 1/25	101-51	秋田南	○
8			129-56	横手工	○
9			111-60	由利工	○
10			119-50	秋田工	○
11	東北新人大会	2/7 ～ 2/9	105-53	郡山	○
12			117-63	黒沢尻工	○
13			103-50	山形南	○
14			116-76	仙台	○
15	秋田県春季総合大会	4/17 ～ 4/19	104-31	秋工クラブ	○
16			141-55	大曲農業	○
17			111-57	秋田中央	○
18			111-57	秋田教員	○
19			106-73	秋田経法大	○
20	能代カップ	5/3 ～ 5/5	100-87	北谷	○
21			103-62	大阪選抜	○
22			119-53	北京市高校選抜	○
23			89-70	洛南	○
24			96-72	ティツ・クリーク	○
25	秋田県北部総体	5/10 ～ 5/12	155-39	十和田	○
26			161-31	能代商業	○
27			165-29	合川	○
28			151-35	鷹巣農林	○
29			110-9	大館鳳鳴	○
30			149-36	能代	○
31	秋田県総体	6/8 ～ 6/10	113-60	秋田中央	○
32			79-49	秋田	○
33			167-34	平成	○
34			98-40	横手	○
35			125-60	大曲農業	○

試合数	大会名	期間	結果	対戦相手	勝敗
36	東北大会 NHK杯	6/21 ～ 6/22	146-56	長井	○
37			122-77	盛岡南	○
38			131-52	東北学院	○
39			117-75	仙台	○
40	県民体育大会	7/4 ～ 7/6	137-38	湯沢商工	○
41			142-29	増田	○
42			169-22	秋田経法大付属	○
43			145-58	横手工業 B	○
44			140-78	能代工業 B	○
45	全国高等学校 総合体育大会 （インターハイ）	8/1 ～ 8/7	129-51	高松商業	○
46			125-61	金沢市立工業	○
47			95-51	市立船橋	○
48			104-88	山形南	○
49			120-58	洛南	○
50	ミニ国体	8/30 ～ 8/31	93-47	福島	○
51			110-61	青森	○
52			113-84	山形	○
53			94-85	宮城	○
54	国民体育大会	10/26 ～ 10/29	97-64	千葉	○
55			102-70	沖縄	○
56			96-67	宮城	○
57			105-80	東京	○
58	東北総合大会	11/8 ～ 11/9	142-48	八戸クラブ	○
59			91-61	福島教員	○
60			118-58	秋田教員	○
61			101-83	秋田経法大	○
62	選抜秋田県予選	11/21 ～ 11/23	125-39	大曲	○
63			90-47	由利工業	○
64			108-47	秋田南	○
65			125-86	大曲農業	○
66	全国高等学校 選抜優勝大会 （ウインターカップ）	12/22 ～ 12/28	108-72	土浦日大	○
67			115-38	新田	○
68			128-105	北谷	○
69			97-59	仙台	○
70			134-77	山形南	○
71	天皇杯・皇后杯 （オールジャパン）	1/2 ～ 1/12	82-70	青山学院大	○
72			66-108	東芝	●

①公式戦全試合結果 1998年（平成10年度）

試合数	大会名	期間	結果	対戦相手	勝敗
1	秋田県北部新人大会	11/29 ～ 12/1	193-31	花輪	○
2			152-31	大館工業	○
3			220-21	合川	○
4			132-36	大館鳳鳴	○
5			159-45	鷹巣農林	○
6			109-59	能代	○
7	秋田県新人大会	1/22 ～ 1/24	111-40	秋田経法大附属	○
8			85-47	大曲	○
9			135-50	能代	○
10			75-43	横手工	○
11			104-73	大曲農業	○
12	東北新人大会	2/6 ～ 2/8	104-60	黒沢尻工（岩手２）	○
13			128-69	白河（福島２）	○
14			83-46	日大山形（山形１）	○
15			97-84	仙台（宮城１）	○
16	秋田県春季総合大会	4/24 ～ 4/26	86-20	象潟クラブ	○
17			78-29	新屋高	○
18			105-61	東北電力	○
19			79-62	秋田中央クラブ	○
20			99-64	秋田教員	○
21			73-52	ＪＲ東日本秋田	○
22	能代カップ	5/3 ～ 5/5	86-78	小林	○
23			67-64	新潟商業	○
24			108-75	神奈川県選抜	○
25			75-62	洛南	○
26			86-53	仙台	○
27	秋田県北部総体	5/9 ～ 5/11	221-12	小坂	○
28			170-30	能代西	○
29			159-23	鷹巣	○
30			134-50	大館工	○
31			118-45	鷹巣農林	○
32			105-65	能代	○
33	秋田県総体	5/29 ～ 6/1	113-35	六郷	○
34			129-37	鷹巣農林	○
35			133-28	秋田中央	○
36			98-54	秋田工業	○
37			125-68	大曲農業	○

試合数	大会名	期間	結果	対戦相手	勝敗
38	東北選手権 兼NHK杯	6/26 ～ 6/28	116-51	東奥義塾	○
39			119-54	山形南	○
40			84-50	弘前実業	○
41			78-68	仙台	○
42	県民体育大会	7/3 ～ 7/5	160-42	仁賀保	○
43			144-26	五城目	○
44			121-33	秋田	○
45			151-41	大曲農業B	○
46			122-65	大曲農業A	○
47	全国高等学校 総合体育大会 （インターハイ）	7/31 ～ 8/6	130-66	高崎商業	○
48			90-62	洛南	○
49			110-68	東海大四	○
50			116-99	市立船橋	○
51			103-80	仙台	○
52	ミニ国体	8/28 ～ 8/30	88-76	福島（選抜）	○
53			125-65	岩手（選抜）	○
54			104-83	宮城（仙台）	○
55	国民体育大会	10/24 ～ 10/29	83-30	山口（選抜）	○
56			92-66	兵庫（選抜）	○
57			80-73	沖縄（選抜）	○
58			84-60	新潟（新潟商）	○
59			87-64	京都（選抜）	○
60	選抜秋田県予選	11/20 ～ 11/22	84-56	横手工	○
61			118-48	秋田南	○
62			93-56	秋田工	○
63			107-69	大曲農業	○
64	全国高等学校 選抜優勝大会 （ウインターカップ）	12/22 ～ 12/28	99-77	法政第二	○
65			100-73	日大山形	○
66			104-49	鳥羽	○
67			95-62	小林	○
68			98-76	市立船橋	○
69	天皇杯・皇后杯 （オールジャパン）	1/2 ～ 1/10	60-71	愛知学泉大	●

② 全国大会全成績

年度	インターハイ	国体	選抜／ウインターカップ	主な出来事
1953	3回戦			初のインターハイ
1954				
1955				
1956				
1957				
1958				
1959				
1960				加藤廣志監督就任
1961				
1962				
1963	3回戦			
1964	3回戦			
1965	ベスト8			
1966	2回戦			
1967	3回戦	優勝		国体初出場で初優勝
1968		2回戦		
1969	ベスト8	準優勝		
1970	優勝	優勝		インターハイ初優勝。初の2冠
1971	3回戦	ベスト4	3位	第1回選抜に出場
1972	3位	準優勝	準優勝	
1973	ベスト8	優勝／2回戦	2回戦	国体優勝は沖縄特別国体
1974	3位	準優勝	優勝	選抜の初優勝
1975	優勝	優勝	優勝	史上初の3冠
1976	優勝	優勝	優勝	2年連続3冠
1977	ベスト4	ベスト4	3回戦	
1978	3回戦	ベスト4	3回戦	
1979	優勝	準優勝	優勝	
1980	優勝	優勝	優勝	
1981	優勝	2回戦	優勝	
1982	優勝	優勝	準優勝	
1983	優勝	優勝	優勝	
1984	優勝	準優勝	準優勝	
1985	優勝	優勝	優勝	インターハイ史上初の7連覇
1986	ベスト4	ベスト4	3回戦	
1987	準優勝	準優勝	優勝	

※1988年より選抜優勝大会が3月から12月へ移行。2017年より名称が「選手権大会」となる
※2019年から国体少年の部はU-16の選手が対象に。(早生まれの高2と高1、中学生が出場資格有)

年度	インターハイ	国体	選抜／ウインターカップ	主な出来事
1988	準優勝	優勝	優勝／優勝	選抜・ウインターカップともに優勝
1989	優勝	優勝	準優勝	
1990	準優勝	ベスト4	優勝	加藤三彦監督就任
1991	優勝	優勝	優勝	
1992	1回戦	ベスト8	3位	
1993	優勝	ベスト8	3位	
1994	優勝	ベスト4	4位	
1995	優勝	1回戦	優勝	
1996	優勝	優勝	優勝	田臥勇太入部、7度目の3冠
1997	優勝	優勝	優勝	2年連続3冠
1998	優勝	優勝	優勝	3年連続3冠
1999	ベスト8	ベスト4	ベスト8	
2000	優勝	ベスト4	2回戦	
2001	優勝	準優勝	優勝	
2002	準優勝	ベスト4	3位	
2003	優勝	準優勝	優勝	
2004	ベスト8	1回戦	優勝	
2005	ベスト8	1回戦	ベスト8	
2006	ベスト8	準優勝	3回戦	
2007	優勝	優勝	3位	秋田国体で能代工最後の優勝
2008	ベスト8		3回戦	佐藤信長監督就任
2009	ベスト8		3回戦	
2010	ベスト8	ベスト8	2回戦	
2011	3回戦		3回戦	
2012	2回戦		2回戦	
2013	2回戦		1回戦	
2014	2回戦	3回戦	ベスト8	
2015	ベスト8		3位	栄田直宏監督就任
2016				54年ぶりに全国大会不出場
2017	1回戦			
2018	3回戦	3回戦	3回戦	
2019	ベスト8	—	3回戦	小野秀二監督就任
2020	中止	中止	1回戦	
2021	2回戦	—	1回戦	能代科学技術に校名変更
2022	1回戦	—	1回戦	
2023	2回戦	—		

※2020年は新型コロナウイルスの影響で中止

参考文献一覧

［書籍］

田臥勇太著・宮地陽子編『Never Too Late「今からでも遅くない」　アメリカ留学体験記』（日本文化出版、２００３年）

加藤廣志『日本一勝ち続けた男の勝利哲学』（幻冬舎、２００３年）

伊藤耕平『最強チーム　勝利の方程式　能代工バスケ部物語』（日刊スポーツ出版社、２０１３年）

加藤三彦『前進力　自分と組織を強くする73のヒント』（新潮社、２０１５年）

松原貴実・清水広美・小永吉陽子・三上太

『必勝不敗　能代工バスケットボール部の軌跡１９６０-２０２１』（ベースボール・マガジン社、２０２１年）

［雑誌］

月刊バスケットボール（日本文化出版）

Sports Graphic Number（文藝春秋）

週刊プレイボーイ（集英社）

ＦＲＩＤＡＹ（講談社）

フィーチャー（ＫＡＤＯＫＡＷＡ）

［新聞］

日刊スポーツ　スポーツニッポン　スポーツ報知　読売新聞　朝日新聞　河北新報　秋田魁新報　北羽新報

たぐち・げんき
1977年福島県生まれ。元高校球児（3年間補欠）。雑誌編集者を経て2003年からフリーライターとして活動する。著書に「負けてみろ。聖光学院と斎藤智也の高校野球」（秀和システム）などがある

ブックデザイン／國吉卓
校正／鷗来堂
写真／田口元義（カバー・本文）
　　　日刊スポーツ／アフロ（表紙・本文）
　　　産経新聞社（本文）
　　　共同通信社（本文）
写真協力／安保敏明
協力／能代バスケミュージアム
編集協力／秋山雄裕（集英社）
編集／宮崎幸二（集英社）

9冠《きゅうかん》無敗《むはい》
能代工《のしろこう》バスケットボール部《ぶ》 熱狂《ねつきょう》と憂鬱《ゆううつ》と

2023年12月20日　第1刷発行

著　者　田口元義《たぐちげんき》
発行者　樋口尚也
発行所　株式会社 集英社
〒101-8050 東京都千代田区一ツ橋 2-5-10
電　話　編集部　03-3230-6143
読者係　03-3230-6080
販売部　03-3230-6393（書店専用）
印刷所　TOPPAN 株式会社
製本所　加藤製本株式会社

ISBN 978-4-08-788098-4　C0075